Ian Graham

Nichts ist verwunderlich an Wundern

White Bull – die Quintessenz

ch. falk-verlag

Aus dem Englischen von Anna-Christine Rassmann

Umschlaggestaltung: Dirk Gräßle, München, und Ch. Falk
Satz: P S Design, Lindenfels
Druck: Druckerei Sonnenschein, Hersbruck
Printed in Germany

ISBN 978-3-89568-270-4

Nichts ist verwunderlich an Wundern

Inhalt

Gewidmet
der Universalen Liebe
in der Form von
Harm Verheijen

Es ist nichts verwunderlich an einem Wunder. Wunder sind einfach ein Nebenprodukt des freien Wirkens der geistigen Gesetze in dem Raum, der entsteht, wenn das Herz vertraut und der Geist offen ist.

Mein Ende ist auch mein Anfang

Die letzten Worte, die ich an euch gerichtet habe, waren die des geliebten Jüngers Johannes. Er war derjenige, der das Wissen und die Erfahrung seines ganzen Lebens in zwei Worte destillieren konnte, die einzigen Worte, die in den letzten Jahren seines langen Lebens über seine Lippen kamen – „Liebet einander". Könnt ihr euch vorstellen, wie es gewesen wäre, diese Worte direkt aus dem Munde des Apostels der Liebe zu hören? Viele von euch, die jetzt mit Feuereifer dabei sind, eurer bedrängten Welt Liebe und Heilung zu bringen, haben sicherlich schon Leben in Gemeinschaften verbracht, die von den Lehren dieses Meisters inspiriert waren. Es waren diese Gemeinschaften – zum Beispiel die der Katharer oder anderer Gnostiker –, die die Wahrheiten gehütet und bewahrt haben, die jetzt soweit sind, dass sie der Welt offenbart werden dürfen. Hierbei, mein lieber Leser, hast du eine Rolle zu spielen.

Es hat sich nicht vermeiden lassen, dass du als treuer Anhänger dieser Wahrheiten in den letzten zweitausend Jahren immer mal wieder das letzte Opfer bringen musstest. Und auch wenn du natürlich weißt, dass keine reale Drohung mehr besteht, auf dem Scheiterhaufen oder unter dem Fallbeil zu landen oder die Zunge herausgeschnitten zu bekommen, auch wenn du schlimmstenfalls nur ausgelacht werden kannst, trauen sich viele von euch immer noch nicht, ihre wahre Macht an sich zu nehmen und der Welt ihr wahres Selbst zu zeigen, weil sie Angst haben, abgelehnt oder bestraft zu werden. Tatsächlich seid ihr so verhaftet mit diesen Ängsten, dass sich manche von euch in Familien inkarniert haben, wo eure wahre Stimme unterdrückt und ihr so bissig abgekanzelt wurdet, dass es eure zarte Seele zutiefst verletzte.

Allerdings liegt auch Weisheit darin, euch gerade hier und jetzt zu inkarnieren, denn für die Entwicklung der Menschheit ist dies eine äußerst spannende Zeit und ihr tut gut daran, jetzt hier zu sein. Wie die Lotosblüte, die aus dem Schlamm hervorwächst, brauchtet ihr das Unbehagen und die Fremdheit, die viele von euch in ihrer frühesten Umgebung erlebt haben, damit euer Hunger geweckt wurde, der Hunger nach dem Erwachen und nach der wahren Zugehörigkeit, die nur in der Verbundenheit mit der Quelle zu finden ist.

Selbst wenn die folgenden Seiten nur diese beiden Worte enthalten sollten: „Liebet einander“, könnte ich mir keinen reicheren und sinnvolleren Inhalt für ein Buch vorstellen. Was gibt es sonst noch zu sagen? Ich habe ganz bestimmt nicht die Absicht, euch zu in-formieren oder euch Instruktionen zu geben, denn mein sehnlichster Wunsch ist ja gerade, dass meine Worte euch dazu inspirieren mögen, euer Verhaftetsein mit der Form und der Struktur aufzugeben, aus denen das Ego seine Identität bezieht. Denn nur dann werdet ihr frei genug sein, die grenzenlosen Schätze altersloser Weisheit in eurem Inneren finden zu können; nur dann könnt ihr eure volle Kraft und Macht erlangen.

Jedenfalls habt ihr ja wahrscheinlich schon gemerkt, dass ihr, je bewusster ihr werdet, immer weniger zu wissen scheint. Es hat keinen Sinn, daran etwas ändern zu wollen, denn wenn ihr diesen Punkt wirklich erreicht habt, wird es sowieso immer schwieriger, Informationen aufzunehmen. Das Oberflächenbewusstsein, das euch als Landkarte gedient und euch euer Ich-Gefühl vermittelt hat, das Bewusstsein, das sagt: „Ich weiß, deshalb bin ich", erfüllt nicht mehr die Aufgabe, die es früher einmal hatte. Ihr denkt vielleicht frustriert, euer Gedächtnis ließe nach, und macht euch Sorgen deswegen, anstatt euch klarzumachen, dass alles das, worauf ihr hingearbeitet habt, sich jetzt wirklich erfüllt. Lässt denn ein Bauherr, wenn er das Haus fertig renoviert hat, das Gerüst stehen, weil er Angst hat, das Haus fiele sonst wieder zusammen? Natürlich nicht! Erstens wäre ja dann das Haus nicht zu sehen, und zweitens hat er Vertrauen, dass er alles gut und richtig gemacht hat.

Euer wahres Selbst vor der Welt zu enthüllen, ihr Lieben, bedeutet auch, genügend Vertrauen zu haben, um Strukturen abzulegen, die das einstmals fragile Selbstwertgefühl aufrecht erhalten haben – die starren Glaubenssätze, die Schätze an Wissen, die Verhaftung mit der Form, die negativen Gedanken über euch selbst, um nur ein paar wenige zu nennen – und euch stattdessen für das Leben im Glauben und im

Vertrauen zu entscheiden, in dem eure wahre Macht liegt. In der dreidimensionalen Welt ist ein mächtiger Mensch ein Mensch des Wissens, ein Mensch des Reichtums, des Intellekts, der Autorität über andere. In der spirituellen Welt jedoch, der Welt, die zu erschaffen ihr hier seid, ist ein mächtiger Mensch ein Mensch des Glaubens.

Es sind diese nicht voneinander trennbaren Themen von Macht und von Glauben und Vertrauen, denen ich mich auf den folgenden Seiten vor allem widmen möchte. Natürlich sind das auch die beiden Themen, um die es bisher in *jeder* eurer Inkarnationen ging und die euch treu bleiben werden, bis euch wirklich durch und durch klar ist, dass ihr in Wahrheit eins seid mit allem, was ist.

Ich bete darum, dass meine Worte euch sanft provozieren und euer tiefinnerstes Wissen wecken werden. Ich hoffe, dass – wie in dem Märchen von Dornröschen – jedes meiner Worte einen weiteren Schritt des Weges durch den Wirrwarr eurer geistigen Konstrukte frei machen wird, bis zu der Lichtung, wo du, schönes, schlafendes Dornröschen, liegst und darauf wartest, dass der Kuss der Wahrheit dich vollständig erweckt und damit deinen ursprünglichen, wahren Zustand der Unschuld wiederherstellt.

Aber seid auch gewarnt: Die folgenden Seiten sollen nicht einfach nur als vollkommenes Festmahl dienen. Genauso wie sich nicht alle Feuchtigkeit in der Luft in Form von Regen niederschlägt, sind auch die Worte in diesem

Buch nur ein winziger Teil der grenzenlosen Quelle von Nahrung für die Seele, die für dich da ist und in die du dich einstimmen kannst. Du erreichst das nie durch bloßes Lesen der Worte, sondern dadurch, dass du dich von diesen Worten zu einer inneren Reise der Stille und inneren Betrachtung inspirieren lässt. Dann ist deine Seele frei, sich in höchste Höhen aufzuschwingen und in die Tiefen zu tauchen, wie eine Schwalbe, die sich im Flug ernährt.

Durch innere Betrachtung kommen dir Erkenntnisse. Vielleicht fühlen sie sich nur ganz winzig und unbedeutend an, aber eine Reihe scheinbar winziger Erkenntnisse kann mit der Zeit dazu führen, dass du erkennst, wer du bist, wenn, und nur *wenn* du sie richtig aufnimmst und verdaust.

Deine Lebensaufgabe

Wenn du deine Lebensaufgabe noch nicht gefunden hast, dann lass es dir genug sein, ein ganz gewöhnliches Leben auf ungewöhnliche Weise zu führen. Die positiven Begleiterscheinungen solchen Tuns sind – für dich und für andere – grenzenlos.

Ein ganz gewöhnliches Leben auf ungewöhnliche Weise zu leben, ist vielleicht die höchste Berufung überhaupt.

Das Leben auf diese Weise zu leben, verlangt von dir, dass du jedwedes Bedürfnis loslässt, dich zu definieren oder mit dem, was du tust, dein Ego aufzublasen, und dafür an sich musst du schon einen wichtigen Schritt auf deiner Reise in Richtung wahrer innerer Freiheit getan haben. Die Folge ist unweigerlich, dass du demütig wirst und dich nicht mehr so wichtig nimmst, denn dir wird klar, dass es keine messbare „größere“ Aufgabe geben kann.

Das Leben auf diese Weise zu leben, erfordert von dir, dass du Bewusstheit in der Gegenwart entwickelst, was dich in jedem Augenblick für die Bedürfnisse anderer offen sein lässt.

Wenn du es gemeistert hast, mit deinem Bewusstsein ständig in der Gegenwart zu sein, wirst du ganz einfach zur lebendigen, strahlenden Gegenwart von Frieden und Liebe und Wahrheit. Alles andere folgt daraus.

Und daher gibt es auf der Erde solche, deren Lebensdienst zu einer herausragenden Stellung in den Augen der Öffentlichkeit führt, und es gibt solche, deren Wirken auf das Auf und Ab des ganz normalen Alltags beschränkt ist. Aber es ist nicht so, dass der, der berühmt wird, mehr spirituelle Bonuspunkte einheimst als der, der im Hintergrund dient. Es ist der Geist, in dem der Dienst erbracht wird, der belohnt wird. Und genauso, wie der oder die Berühmte Gefahr läuft, sich selbst für wichtig zu halten, könnte der oder die unbekannte Dienende in die Falle falscher Bescheidenheit tappen. Keines von beiden ist ein Ausdruck wahrer Macht.

Diejenigen, die scheinbar gesegnet sind, weil sie eine klar definierte Aufgabe haben, sind nicht besser dran als die, die Tag für Tag durch die Nebel der Unwissenheit tappen. Solltest du einen Monat lang in den Mokassins eines Menschen herumlaufen, der so eine klare Berufung erhalten hat, dann möchtest du dich am Ende wahrscheinlich in tiefer Demut vor ihm oder ihr verbeugen, wenn dir klar wird, was für Anforderungen ein „berufenes" Lebens stellt. Der Prophet im Alten Testament schrieb nicht umsonst: „Es ist schrecklich, in die Hände des lebendigen Gottes zu fallen." Und so wird auch gesagt: „Pass auf, was du dir wünschst!" Die nicht-physische Welt übersetzt deine ernsthaften Gebete, dich nützlich machen zu dürfen, sofort in Grünes Licht auf der ganzen Linie, also in: „Ich bin willens, dem Höchsten zu dienen, egal, was das für mich bedeutet." Je höher deine spirituellen Ambitionen, desto größere Prüfungen in Glauben, Geduld und Widerstandsfähigkeit handelst du dir ein, damit sichergestellt wird, dass du wirklich willens bist, die gestellten Aufgaben zu erfüllen. Wenn du also vorhast, noch auf Erden ein Heiliger zu werden, bist du hiermit gewarnt!

Die Sehnsucht danach, deine ganz bestimmte Lebensaufgabe zu finden, stammt vielleicht aus einer Angst, dass dein Leben ohne eine sichtbare und leicht zu definierende Rolle überhaupt keine Bedeutung hat. Die Wahrheit ist allerdings, dass offenbar nur eine kleine Minderheit von Menschen mit einer speziellen Aufgabe oder Berufung gesegnet ist.

Wenn du zu denen gehörst, deren Aufgabe sich noch nicht gezeigt hat, dann muss ich dich vielleicht an das Beispiel des Meisters Jesus erinnern, dessen Dienst auf Erden auch erst in seinen drei letzten Lebensjahren stattfand. Wenn du also hundert Jahre alt wirst und deine Aufgabe dich erst findet, wenn du siebenundneunzig bist, ist das auch in Ordnung. Sie könnte allerdings auch sofort losgehen, denn durch vollkommene Hingabe und vollkommenes Annehmen der Tatsache, dass du vielleicht so lange warten musst, wirst du nicht nur einen Zustand völligen inneren Friedens erlangen, wodurch sich dein Leben auf wunderbare Weise entfalten kann, sondern sehr bald werden die Menschen auch anfangen, dich zu fragen: „Wie machst du das nur, dass du immer so friedlich und heiter bist? Wieso passieren in deinem Leben so viele Wunder?“ Und schon zeigt sich eine höchst wunderbare Lebensaufgabe.

Zweifellos ist die Frage, die mir von meinen Besuchern am häufigsten gestellt wird, diese: „Was ist meine Lebensaufgabe?" Hinter einer solchen Frage steht natürlich die Annahme, dass jeder Mensch eine bestimmte Rolle oder Aufgabe zu übernehmen hat, die einzig und allein die seine ist. Das stimmt nur teilweise, denn es gibt so viele verschiedene Wege, wie es Menschen auf dem Planeten Erde gibt. Und doch steht hinter der Absicht einer jeden Seele, sich auf der Erde zu inkarnieren, der höchste Wunsch, sich zu einem bewussteren Menschen zu entwickeln, alles abzulegen, was nicht wahr ist, und so immer vollkommener in Einklang mit der Quelle zu kommen. Wenn du allein das zu deiner Aufgabe machst, dann spielst du bereits eine ganz wichtige Rolle, denn mit jedem Schritt, den du dich auf ein höheres Bewusstseinsniveau begibst, macht das kollektive menschliche Bewusstsein diesen Schritt mit dir.

Kümmere dich nicht darum, wie groß oder wie sichtbar deine Aufgabe ist. Genauso wie man sagt, dass der Flügelschlag eines Schmetterlings in einem weit entfernten Urwald sich auf die Größe deiner Ernte auswirkt, so könnten auch ein paar scheinbar unbedeutende Worte, die zu sagen dich nur ein paar Sekunden kostet, den, der sie hört, so tief berühren, dass das, was er tut, vielleicht eines Tages eben diesen Urwald vor der Zerstörung rettet. Man weiß es einfach nie.

Es ist nur menschlich, dass du dich durch das, was du tust, definieren möchtest, vielleicht um dir in der Gesellschaft, in der du dich bewegst, das Gefühl zu geben, etwas wert zu sein. Damit du, wenn du Leute in der Kneipe triffst und sie dich fragen, was du machst, stolz oder verlegen, je nachdem, sagen kannst, „Ich bin Lehrer“, „Ich bin Künstlerin“ oder irgendetwas in der Art. Eine viel bessere Antwort auf so eine Frage wäre jedoch, freudig und selbstbewusst zu sagen: „Ich weiß es nicht wirklich, ich *bin* einfach.“ Wenn du das sagen kannst und es wirklich so meinst, mein Lieber, meine Liebe, dann bist du angekommen!

Wenn der Kopf bestimmen will

Was immer dich davon abhält, dein größtes Potenzial zu leben oder deine Herzenswünsche zu manifestieren, ist nur ein Gedanke. Egal, wie lange der Gedanke schon da war – er hat in Wirklichkeit nur so viel Substanz wie die schwärzeste Wolke an deinem Himmel. Die Wolke ist da vielleicht schon lange, sie sieht vielleicht bedrohlich aus und vielleicht kannst du nicht hindurchschauen, aber egal, wie lange sie schon da ist, egal, wie groß oder wie schwarz sie ist, sie könnte doch kein Flugzeug davon abhalten, hindurch zu fliegen. Das Chaos und die Blockaden, die deine Gedanken, einschließlich deiner Ängste und mentalen Programmierungen, in dein Leben bringen, sind genau so wie das Chaos und der Terror, die an eurem Himmel herrschen würden, wenn jeder Pilot glaubte, man könne nicht durch Wolken fliegen. Wenn du nur verstehen könntest, wie illusorisch die Macht ist, die deine Gedanken vorgeben, über dich zu haben, du würdest schneller die Freiheit erlangen und erreichen, was deinen Möglichkeiten entspricht, als du es dir je vorstellen konntest! Vielleicht erinnern sich einige von euch noch daran, wie ihr als Kinder mit einem Vergrößerungsglas die Sonnenstrahlen gebündelt und auf ein Stück Papier gerichtet habt. Wenn ihr es schafftet, die Wärme der Sonnenstrahlen auf die Größe eines Stecknadelkopfes zu bündeln, hat das Papier Feuer gefangen.

Einen ähnlichen Effekt kannst du benutzen, um unerwünschte Gedanken oder emotionalen Schmerz zu eliminieren. Indem du die Kräfte deiner Beobachtung mit derselben

Präzision bündelst wie damals, als du das Vergrößerungsglas über das Papier gehalten hast, ist das Gedankengeschnatter im transformierenden Licht des Bewusstseins bald verbrannt.

Der Unterschied dazwischen, dich mit deinem Schmerz zu identifizieren und deinen Schmerz zu beobachten, besteht in Folgendem: Wenn du dich mit deinem Schmerz identifizierst, nimmst du einen Stock und rührst den schlammigen Boden des Teiches auf. Das Wasser ist dann schmutzig. Die glatte Oberfläche ist aufgewirbelt und kann nichts widerspiegeln. Wenn du aufhörst zu rühren, sinkt der Schlamm wieder zum Boden hinunter, bis er das nächste Mal aufgerührt wird.

Deinen Schmerz zu beobachten, ist etwa so, wie wenn du eine Pumpe in den Teichboden legst und den Schlamm heraussaugst. Nach und nach wird das Wasser sauber, du kannst die Schönheit am Grund des Teiches sehen, die vorher verborgen war, und er ist auf Dauer spiegelblank.

„Das hört sich schwierig an", höre ich dich auf einige der Vorschläge sagen, die ich dir gemacht habe, um deine Situation zu verbessern.

Gleichzeitig höre ich deinen Kopf sagen: „Hilfe! Wenn er anfängt zu glauben, dass es wirklich so leicht ist, etwas zu verändern, werde ich arbeitslos! Besser, ich überzeuge ihn, dass es echt schwierig wird, und wenn ich Glück habe, versucht er es erst gar nicht. Dann behalte ich die Kontrolle und kann ihn weiterhin glauben machen, dass er ich ist."

Wann immer du dich also sagen hörst: „Es ist schwierig", wirst du von deinem Verstand ausgetrickst, insbesondere von dem Teil deines Verstandes, den ich den Saboteur nenne. Ein weiterer Lieblingsausspruch des Saboteurs ist: „Ja, aber". Er hat die gleiche Wirkung, nämlich dir deine Macht abzusprechen und zu bewirken, dass du dich in deinem Leben immer weiter im Kreis drehst.

Nichts braucht schwierig zu sein – oder leicht. Es ist einfach so, wie es ist. Indem du solche Definitionen loslässt, öffnet sich dein Denken ganz automatisch für alle Möglichkeiten und du kannst jede Aufgabe, die sich dir stellt, mit Geistesgegenwart und Achtsamkeit angehen.

Wenn dir plötzlich die perfekte Lösung für ein Problem einfällt, dann sagst du wahrscheinlich so etwas wie: „Na, klar! Wieso hab ich denn nicht gleich daran gedacht?“ Das ist der Moment, wo du dich daran erinnern solltest, dass es gerade das Nachdenken war, das dich die ganze Zeit gehindert hat, zu hören oder zu fühlen, was dir deine Höhere Weisheit schon die ganze Zeit mitteilen wollte.

Für jemanden, der viel Zeit in seinem Kopf verbringt, wird die Lebensreise wie ein Fluss, der über seine Ufer getreten ist; jeglicher Richtungssinn geht verloren und Verwirrung macht sich breit. Wie du vielleicht schon gemerkt hast, ist es aber keine Lösung, wenn du versuchst, nicht zu denken. Wenn der Verstand so leicht die Kontrolle übernehmen kann, ist das ein Symptom für eine hungrige Seele und ein vernachlässigtes inneres Leben. Genauso wie du auf den Ruf deines Magens antworten musst, wenn dein Körper dir sagt, er braucht Nahrung, so musst du auch deiner Seele Aufmerksamkeit schenken.

Wenn das auf dich zutrifft, dann frage dich mal eine Zeit lang jeden Tag: „Wonach hungert meine Seele heute?" Zum Einen erinnerst du dich dadurch schon mal daran, dass du ja eine Seele hast und zum andern wirst du wahrscheinlich merken, dass die Antworten, die dir kommen, auf eine reichhaltige Diät von allem, was dir *heilig* ist, hinweisen. Wenn du dich in Heiligem „marinierst", führt das unweigerlich zu einem Gefühl von Ruhe und Wohlbefinden. Mit diesem Gefühl schaffst du das vollkommene Gegengewicht zu dem dominanten Verstand. Die Seele und der Verstand – der dann dein Diener ist, statt du sein Sklave – können harmonisch zusammenarbeiten.

Es gibt keine Kreuzungen auf dem spirituellen Weg, keine falschen Wege, die man einschlagen könnte, sondern es gibt nur einen Weg, der sich, wenn der Verstand nicht eingreift, Schritt für kleinen Schritt auf vollkommene Weise und genau zur rechten Zeit entfaltet. Und wenn das geschieht, wirst du wissen, dass du niemals zu zweifeln brauchst oder Angst zu haben.

Die einfachste Weise, wie du unterscheiden kannst, was aus deinem Verstand kommt und was aus der Quelle der Wahrheit in deinem Inneren, ist, zu beobachten, was in deinem Körper vor sich geht. Jede Zelle deines Körpers ist so gemacht, dass sie mit der Wahrheit in Resonanz geht. Wenn also nur dein Kopf spricht, wirst du in deinem Körper nichts spüren, außer vielleicht das, wovon sich der Verstand am meisten ernährt, nämlich Angst. Wenn du jedoch mit deinen innersten Gefühlen und der Wahrheit in Kontakt bist, dann bekommst du ein Gefühl von Weite um dein Herz. Dein Atem wird tiefer; das zeigt, dass dein Körper jetzt eher bereit ist, die Lebenskraft in sich aufzunehmen. Du spürst vielleicht Energie in deinem Körper, ein Kribbeln wie von Champagner (ich nenne das den Champagnerkörper). Du richtest dich auf, als ob jemand dich an einem Schnürchen oben am Kopf hochziehen würde – ein sicheres Zeichen dafür, dass du dich mit einer Höheren Macht verbindest. Wenn du dich auf die Eingebungen und Ideen konzentrierst, die diese Empfindungen hervorrufen, wirst du merken, dass dein Leben auf eine ganz neue Art und Weise ins Fließen kommt.

Wenn du zu denen gehörst, die ein bisschen zu viel Zeit im Kopf verbringen, und du würdest das gerne ändern, dann gibt es dafür eine einfache Lösung:

Gewöhne dir an, in deinem täglichen Leben einen Teil deiner Aufmerksamkeit immer auf dein Herz gerichtet zu halten. Du wirst dabei die Erfahrung machen, dass es ganz unmöglich ist, im Kopf und im Herzen gleichzeitig zu sein.

Außerdem wirst du merken, dass du zum Beispiel, wenn du mit jemandem sprichst – selbst wenn es jemand ist, den du eigentlich nicht magst – wärmere Gefühle für diese Person empfindest. Deine Stimme füllt sich mit der Energie der Liebe und der andere wird ebenfalls spüren, dass du aus dem Herzen heraus sprichst.

Du merkst bestimmt auch, dass du nicht in deinem Herzen sein und gleichzeitig urteilen kannst, und du wirst in diesem Augenblick keine Widerstände gegen deine Lebensumstände haben. Dann dauert es nicht lange, bis dich ein großes Gefühl der Erleichterung überkommt, dann, wenn sich die Beklemmung deines Herzens auflöst, die aus dem mentalen Widerstand entstanden ist.

Hast du je in den Himmel geschaut und gesehen, wie sich vor deinen Augen eine Wolke bildete? Ziemlich unwahrscheinlich. Aber wenn du wegschaust und kurz darauf wieder in den Himmel, dann ist oft eine Wolke da. Scheinbar aus dem Nichts aufgetaucht. Und doch ist in diesem leeren, grenzenlosen, blauen Raum, für das bloße Auge unsichtbar, jede notwendige Zutat enthalten, die gebraucht wird, um endlos viele Wolken zu bilden.

Die besten Antworten auf eure Fragen, die besten Lösungen für eure Probleme sind nie durch Denken zu finden. Wie jede Wolke, die du je gesehen hast, kommen Inspiration, wahre Weisheit und tiefstes Wissen aus dem „Nichts"; sie tauchen aus dem stillen, unendlichen Raum des universalen Bewusstseins auf, wo alles und jedes bekannt ist und wo ein Teil von jedem von uns lebt.

Wenn du in einer Situation die Vor- und Nachteile von etwas gegeneinander abwägst, ist es ziemlich unwahrscheinlich, dass dich die Entscheidung, zu der du auf diese Weise kommst, völlig zufriedenstellt und keinerlei Zweifel offen lässt. Wenn du hingegen das Denken völlig sein lässt und die Sache dem Höchsten in dir übergibst, dann kommt eine Antwort tief aus deinem Inneren, die du sofort als offensichtlich richtig erkennst. Sie taucht vielleicht in einem Moment in deinem Kopf auf, wo du sie am allerwenigsten erwartest, und du fühlst dich augenblicklich erleichtert und spürst ohne jeden Zweifel: „Das ist es!“

Für jede Lösung eines Problems, die du suchst, bei jeder Wahl einer Handlung oder eines Wortes, bei jeder Entscheidung, die du zu treffen hast, ist die richtige immer die, die dir Frieden bringt.

Göttliche Inspiration und Weisheit wird auf viele Weisen auf die Erde gebracht, und vielleicht hat niemand in der menschlichen Geschichte das mit besserer Wirkung getan als die Erfinder, die, getrieben von dem Wunsch, eine bessere Welt zu erschaffen, so viele Schöpfungen, die das menschliche Leben verbessern, in die Welt der Form gebracht haben.

Auf *eine* Schöpfung warten wir jedoch noch und hoffen, dass es jemandem gelingen wird, sie zu manifestieren; sie würde ganz gewiss für viele, die es sich wünschen, den Prozess des Erwachens beschleunigen.

Was wir meinen, ist eine Maschine, an die ihr euer Gehirn jeden Abend anstöpseln könnt und die euch alle Gedanken, die ihr den Tag über gedacht habt, ausdruckt. Dieser Ausdruck als eure Bettlektüre könnte – je nachdem, was ihr gedacht habt – entweder Schlaftabletten überflüssig machen oder er wäre ein gutes Rezept für ein paar Albträume.

Jedenfalls wärst du bestimmt entsetzt zu sehen, wie oft du an diesem Tag denselben Gedanken gedacht hast. Wie lange du zum Lesen brauchst, enthüllt dir, wie viel Zeit du mit deinen Gedanken in der Vergangenheit und in der Zukunft warst und nicht im gegenwärtigen Augenblick. Einer, der nach der Wahrheit hungert, sähe vielleicht mit Enttäuschung, wie viele dieser Gedanken nicht in Einklang mit seinem höchsten Streben waren. Und wenn du glaubst, dass deine Realität sich aus deinen Gedanken und Glaubenssätzen erschafft, verstehst du dann wahrscheinlich eindeutig, warum dein Leben so ist, wie es ist, im Positiven wie im Negativen.

Auch süchtiges Hängen an bestimmten Gedankenmustern und die Identifikation mit ungesunden Archetypen würden auf diese Weise ins Rampenlicht gerückt. Ich überlasse es deiner Phantasie, dir auszumalen, was eine solche Erfindung noch alles mit sich brächte.

Mit der Zeit, so hoffen wir, würde diese abendliche Lektüre deiner Tagesgedanken zum schönsten Teil des Tages, da die Liste immer mehr Gedanken von Dankbarkeit, Liebe, Optimismus und Vertrauen enthielte. Wir hoffen auch, dass du dabei lernen würdest, wie viel einfacher sich deine Probleme lösen, wenn du vertrauensvoll in deinem Herzen bleibst und so die inspirierte Führung deines Höheren Selbst hören kannst. (Die würde natürlich farbig ausgedruckt!)

Der innere Richter

Man muss sich immer darüber im Klaren sein, dass der innere Richter ein krankhaft verlogener Kontrollfreak ohne jeden Funken Humor ist. Wenn dein Partner so wäre, würdest du ihn sofort verlassen, daher macht es wenig Sinn, deinen inneren Raum mit einer Energie zu teilen, deren einziges Ziel es ist, dich klein zu machen und in der Vergangenheit zu halten.

Niemandes Selbstwertgefühl wird dadurch gesteigert, dass man ihm sagt, er solle sich selber mehr lieben. Wenn jemand ein geringes Selbstwertgefühl hat, dann wahrscheinlich deshalb, weil er sich nie wirklich geliebt oder gesehen gefühlt hat. Warum also bist du nicht der Erste, der es tut? Wenn jeder das mit jedem so machen würde, wenn ihr euch alle gegenseitig spiegeln würdet, dass ihr unschuldig und in Ordnung seid, dann hättet ihr innerhalb einer einzigen Generation die Welt des Friedens um euch, von der ihr träumt.

Das, wovor dem inneren Richter am meisten graut, ist Humor, denn der innere Kritiker lebt und gedeiht von Ernst, Drama und Schmerz. Und natürlich steht er gern im Zentrum der Aufmerksamkeit. Wenn du durchschaust, wie lächerlich seine Behauptungen sind, dann reißt du ihm die Maske ab und – einmal ans Licht gezerrt – wird er sich schnellstens unter dem nächsten Stein verkriechen.

Du wirst niemals frei von deinem inneren Richter, wenn du sauer auf ihn bist und ihn weg haben willst. Das ist einer seiner tollsten Tricks: Er spaltet sich auf und richtet sich selber. Du darfst nicht vergessen, dass er nicht darum gebeten hat, geboren zu werden. Und durch seine Existenz in deiner Psyche hat er immer nur die Botschaft wiederholt, mit der er zuerst gefüttert wurde, nämlich, dass du nicht gut genug bist. Es ist eine Botschaft, mit der du ihn seitdem immer genährt hast, immer dann, wenn du unbewusst wieder ein Szenario erschaffen hast, das deine erste falsche Schlussfolgerung, dass du unvollkommen bist, bestärkt hat.

Um ihn loszuwerden, musst du ihm zuerst die Ehre erweisen, ihn als den Lehrer anzuerkennen, zu dem er dir unversehens geworden ist. Danach musst du ihm den Schmerz und die Einschränkungen verzeihen, die durch sein braves Wiederholen dessen, was du ihm eingegeben hast, für dich entstanden sind. Schließlich, mit der heiligsten Zeremonie, dem feierlichsten Ritual, die du dir nur ausdenken kannst, entlässt du ihn ins Licht, sodass auch er von seinen Leiden befreit wird und seinen Frieden findet.

Stell dir vor, du hättest dein ganzes Leben lang davon geträumt, eine lange Schiffsreise zu machen. Schließlich kommt der Tag, an dem dein Traum wahr wird, und du trittst deine Reise an. Aber gerade in dem Moment, als du den Hafen verlassen und in See stechen willst, sagt jemand zu dir: „Gute Reise, aber fahr' bloß nicht über den Horizont hinaus! Die Erde ist eine Scheibe, du wirst hinten hinunterfallen!"

Wahrscheinlich glaubst du das nicht. Aber das ist die Art und Weise, wie dein innerer Saboteur und Richter gearbeitet hat. Er hat immer versucht, dich in deiner bekannten Welt einzusperren, der Welt, die durch deine negativen Glaubenssätze über dich selbst definiert ist. Er findet jeden nur möglichen Weg, um dich abzuhalten, etwas Neues über dich herauszufinden, ganz besonders wenn du vielleicht herausfinden könntest, dass du unschuldig und vollkommen bist.

Stell dir vor, wie das Leben auf der Erde jetzt wäre, wenn alle immer noch glauben würden, sie sei eine Scheibe. Und stell dir gleichermaßen vor, wie anders unser Leben wäre, wenn du frei wärst, deinem angeborenen Instinkt zu folgen, deine Grenzen und dein Selbstgefühl über die Definitionen und Grenzen hinaus auszuweiten, die dir dein innerer Richter als real verkaufen möchte.

„Die Erde ist eine Scheibe", „Ich bin nicht gut genug", „Ich bin zu alt, um mich zu ändern" – all diese Ideen klingen für mich gleichermaßen verrückt.

Manch einer lehrt, dass man einen negativen Gedanken immer durch einen positiven ersetzen sollte. Dein innerer Richter lässt sich von einer solchen Vorgehensweise selten überzeugen, besonders wenn es darum geht, einen negativen Glaubenssatz über dich selbst umzudrehen. Ich schlage dir stattdessen Folgendes vor:

Wenn dein negativster Gedanke über dich selber zum Beispiel lautet „Ich bin nicht gut genug“, dann mach das zu deinem Mantra. Sag es dir immer und immer wieder, aber hör dir dabei zu. Das ist das Wichtigste. Und ich glaube nicht, dass du es mehr als zweihundert Mal zu dir sagen kannst, bevor du anfängst zu denken, „Was ist denn das für ein Quatsch!“ Dann hast du gehört, dass es eine Lüge ist, und wenn du das einmal gehört hast, kann der innere Richter dich nie wieder austricksen – dann glaubst du ihm seine Propaganda einfach nicht mehr.

Wenn du einen Kleptomanen im Haus hättest, würdest du ihn nicht aus den Augen lassen, denn in dem Moment, wo du nicht hinschaust, stiehlt er dir deinen wertvollsten Besitz. Genau so wichtig ist es, ständig auf deinen inneren Richter aufzupassen, denn wenn du dich nur einen Moment lang ablenken lässt, stiehlt er dir deinen inneren Frieden, deine Freiheit, deine Freude, dein ***Leben***!

Wenn eine Katze einem Hund begegnet, plustert sie sich auf, sodass sie doppelt so groß wirkt. Der Hund lässt sich davon vielleicht beeindrucken, aber du brauchst dich nicht beeindrucken zu lassen, wenn dein innerer Richter mit seinem Macho-Gehabe herumstolziert und dich mit Ideen füttert wie: „Sich zu ändern, ist schwierig", „Das Muster ist schon viel zu lange da", „Ich bin zu alt, um mich noch zu ändern". In dem Augenblick, wo du dich von solchen Gedanken davon abbringen lässt, in deinem Leben etwas zum Besseren zu verändern, kannst du sicher sein, dass du genauso ausgetrickst worden bist wie der Hund von der Katze.

Manchmal wird jemand allein dadurch von allen negativen Glaubenssätzen über sich selbst geheilt, dass er sich wirklich einmal gehört und ernst genommen fühlt. Sag niemandem, er solle sich selber mehr lieben, denn damit verlangst du von der betreffenden Person, dass sie die Trennung zwischen „ihr“ und „sich selbst“ beibehält, und sperrst sie damit in der Dualität ein. Und wenn du sagst, du liebst dich selbst, bist du auch in der Dualität eingesperrt. Du brauchst einfach nur zu wissen, dass du Liebe ***bist.***

Schimpfe nicht mit dir, weil du es manchmal schwierig findest, mit den Härten und Wirren des Erdenlebens fertig zu werden. Du würdest auch nicht jemanden naiv und weltfremd schelten, der die meiste Zeit seines Lebens hinter Klostermauern zugebracht hat. Du bist überhaupt kein Versager, denn es ist nicht deine Aufgabe, die Welt der Form zu meistern, sondern dich fest mit der Wahrheit in Einklang zu bringen, sodass du frei bist und durch dein Beispiel anderen zu demselben Gefühl von Freiheit verhelfen kannst.

Ich habe eine Regel für jeden, der vielleicht meiner Bande beitreten will, und die heißt: Denke nie, du bist verkehrt.

Du denkst nicht, eine Rosenknospe ist verkehrt, bloß weil sie noch nicht voll aufgeblüht ist. Du weißt, dass sie aufgehen wird, wenn die Sonne sie weiterhin warm bescheint.

Du denkst nicht, dein Finger ist verkehrt, wenn du dich geschnitten hast und er blutet. Nein, du machst die Wunde sauber, klebst ein schützendes Pflaster darauf, und nach und nach heilt dein Finger.

Weshalb denkst du also, du bist verkehrt, bloß weil dein Potenzial, als selbstverwirklichtes Wesen zu leben, sich noch nicht vollständig manifestiert hat oder weil du als Mensch manchmal aus deinen Verletzungen und deinem Schmerz heraus handelst?

Stell dir vor, du würdest einfach so aufwachsen und hättest dich noch nie in einem Spiegel gesehen. Eines Tages käme jemand daher und sagte: „Ich habe einen Spiegel, hier, ich lass dich sehen, wie du aussiehst“, aber es wäre ein Zerrspiegel, in dem du hässlich und seltsam aussiehst. Und weil du keinen Vergleich hättest, würdest du glauben, was du siehst, und automatisch würde dein Leben sich so entfalten, dass das, was du in dem Spiegel gesehen und geglaubt hast, sich ständig bestätigt, nämlich, das mit dir etwas nicht in Ordnung ist.

Dann käme vielleicht eines Tages jemand anderer daher (das ist vielleicht heute), aber diesmal mit einem richtigen Spiegel, und in diesem Spiegel siehst du dein Abbild wunderschön und unschuldig, einen einzigartigen und großartigen Ausdruck des Göttlichen.

Traust du dich, dein altes Bild von dir loszulassen und die wunderbaren Veränderungen zuzulassen, die in deinem Leben geschehen müssen, wenn du dieses Spiegelbild annimmst, das dir die Wahrheit sagt? Du hast jetzt die Wahl.

Wenn du dich nicht mit Vergnügen selber als Masochisten bezeichnen willst, macht es wenig Sinn, an irgendeinem Bewusstseinsinhalt festzuhalten, der dir nicht guttut und dich an der Entfaltung deines Bewusstseins hindert, und, was noch wichtiger ist, der dir deshalb Beklemmungen im Herzen verursacht. Warum mit Schmerzen durchs Leben gehen, bloß weil du zu faul bist, dir den Stein aus dem Schuh zu nehmen?

Der Weglose Weg

Meine nicht, um wahrhaft erleuchtet zu sein, müsstest du dich des Egos entledigen. Du brauchst das Ego so, wie der Goldfisch das Aquarium mit dem Wasser braucht, in dem er lebt. Dein heiligstes Ziel braucht nur zu sein, dass das Ego so durchsichtig wird, dass das Licht deines Geistes ungedämpft hindurchscheinen kann.

Wie durchsichtig es wird, hängt davon ab, inwieweit du in der Lage bist, jedwede Identifikation mit etwas anderem als deiner wahren Natur – deinem Geist – loszulassen. In ihm allein liegt die Macht, die Welt um dich herum zu transformieren. Aus deinem Geist kommt die Stimme der Autorität, die Frieden bringen kann. Aus deinem Geist kommt die Energie zum Heilen. Aus deinem Geist kommt die einzig wahre Liebe.

Es ist gut, sich daran zu erinnern, dass Jesus, wann immer Er die Worte „ICH“ oder „ICH BIN“ benutzte, nicht nur sich selbst damit meinte; er meinte auch ***dich***. Das ICH BIN in dir ist nicht geringer als das ICH BIN in ihm oder irgendjemand anderem. Seine Botschaft wollte niemals seine eigene Größe betonen, sondern dir deine eigene Größe und das in dir schlummernde Potenzial, dasselbe zu tun wie er, wieder ins Bewusstsein rufen. Der Kern seiner Lehren war vielmehr, allen, die es hören wollten, die wahre Macht ihrer eigenen angeborenen Göttlichkeit zurückzugeben.

In einer Zeit, wo die Welt so viel Heilung braucht, ist es nicht mehr angebracht, Jesus irgendwo da oben zu halten wie einen Plakathelden für das Goldene Zeitalter. Holt ihn herunter vom Kreuz, lasst eure Altäre und Schreine beiseite, trennt euch von dem Dogma, das die Religion euch auferlegt hat, und lasst Ihn in euch lebendig werden. Bittet darum, so verwandelt zu werden, dass andere Ihn in euch sehen, Ihn in euren Worten der Weisheit, der Wahrheit und Liebe hören, ihr Herz und ihre Seele an dem Mitgefühl wärmen können, das eure Augen ausstrahlen, und von der strahlenden Christusenergie, die von euch ausgeht, geheilt werden.

Die menschliche Seele hat wie die Natur ihre Jahreszeiten. Die Jahreszeit, die ihr wahrscheinlich am stärksten wahrnehmt, ist der Winter der Seele. Das ist die Zeit, wenn ihr überhaupt keine Motivation oder Vision habt, wenn das Leben scheinbar stillsteht, wenn es sich anfühlt, als ob nichts in eurem Leben funktioniert. Ihr wollt vielleicht viel schlafen. Es fühlt sich tatsächlich so an, als wärt ihr von eurer Hauptnahrungsquelle abgeschnitten. Solche Gefühle können einen Tag lang andauern oder auch viel länger.

Leistet keinen Widerstand dagegen, sondern sucht stattdessen jenen Ort der Stille in eurem Inneren. Denkt nicht, es sei etwas verkehrt, so wie ihr auch keine Wut auf den Apfelbaum kriegt, bloß weil er im Winter keine Früchte trägt. Haltet Ausschau nach dem Geschenk, das diese Zeit der erzwungenen Inaktivität für euch bereithält, vielleicht die Chance, Hingabe zu lernen, die Zeit, einfach zu *sein* und ohne Zweifel zu wissen, dass der Frühling wieder kommt mit einer Fülle neuen Wachstums und überraschender neuer Möglichkeiten.

Manchmal sagen mir meine Freunde, sie fühlen sich verloren. Versucht zu verstehen, liebe Freunde, dass es einfach nicht möglich ist, der Quelle allen Lebens verloren zu gehen. Ihr seid mit der Göttlichen Liebe so unverbrüchlich verbunden wie ein ungeborenes Kind durch die Nabelschnur mit der Mutter, die sein Lebensquell ist.

Es gibt jedoch Zeiten, wo es sich anfühlt, als spiele die Quelle Verstecken mit euch, und wo ihr euch fühlt wie ohne Landkarte in der Wüste ausgesetzt. Die Lösung ist dann, nicht zu versuchen, euch an der Landschaft zu orientieren, die euch nicht vertraut ist, sondern euch himmelwärts zu wenden, zu den Sternen, und so aus dem Unbekannten herausgeführt zu werden.

Den Blick zum Himmel zu wenden, ist auch eine Metapher für die Hingabe an die unsichtbaren, aber immer gegenwärtigen himmlischen Wesen, eure Führer und Engel, die euch ganz gewiss aus der Irre führen werden. Bevor das jedoch geschehen kann, müsst ihr zuerst alle Angst vor dem Unbekannten und allen Widerstand dagegen überwinden. Denn alles und jeder, wo auch immer es sei, ist Gott bekannt. Wenn ihr einmal über die Wahrheit der Allgegenwart Gottes reflektiert, braucht ihr nie wieder zu fürchten, verloren zu gehen.

Ihr Lieben, ihr seid menschliche Wesen, menschliches ***Sein*** (*beings*), nicht menschliches ***Tun*** (*doings*); ihr leistet euren größten Beitrag durch das, was ihr *seid*, nicht durch das, was ihr *tut*. Und wie bei der Sonne ist euer Sein ein Teil von euch, der sich nie abschaltet.

Das lässt sich nicht messen, daher sind das schlechte Neuigkeiten für das Ego, das immer Bestätigung und Versicherung seiner Existenz sucht, und damit die Erlaubnis, weiterhin die Kontrolle zu behalten. Euer Wesen hat folglich nur dann seine authentische vollkommene Wirksamkeit, wenn ihr alle eure Träume und ehrgeizigen Ziele, jedes Bedürfnis nach Anerkennung und jede Anhaftung an Ideen von Erfolg oder Versagen hingebt. Die Befreiung von all diesen Bürden wiederum führt zum tiefsten Frieden und zum machtvollsten Strahlen eures inneren Lichtes.

Ihr habt ganz bestimmt schon Menschen getroffen, in deren Gegenwart ihr euch gleich besser fühltet. Nicht weil sie irgendetwas getan oder gesagt haben, sondern einfach dadurch, dass sie da waren. Fändet ihr es nicht toll, dieselbe Wirkung auf Menschen zu haben, nicht nur an eurer Arbeitsstelle oder zu Hause, sondern überall im Leben? Es geschieht, wenn euer Tun aus eurem Sein kommt, egal, ob ihr mit jemandem sprecht, der neben euch im Bus sitzt, oder ob ihr die Person massiert, die vor euch auf der Massagebank liegt. Das, was ihr tun könnt, eure Fähigkeiten, lassen sich nur bis zu einer gewissen Grenze weiterentwickeln, doch die Entwicklungsmöglichkeiten eurer Präsenz, dessen, was ihr seid, sind grenzenlos.

Da deine Präsenz an Intensität direkt proportional dazu zunimmt, je mehr du dich von Angst befreist, werden sich die positiven Auswirkungen dieser Präsenz auch immer mehr auf die Menschen auswirken, mit denen du in Kontakt kommst. Gleichzeitig kommt der Punkt, wo es dir egal ist, ob dir die Welt beteuert, wie wundervoll du bist oder wie wohl sich die Menschen in deiner Gegenwart fühlen; es bedeutet dir nichts. Es perlt an dir ab wie Wasser am Rücken einer Ente, aber nicht aus falscher Bescheidenheit oder weil du ein minderes Selbstwertgefühl hast. Diejenigen, die sich noch darüber definieren, dass andere sie für anständige und spirituelle Menschen halten, oder so definiert werden möchten, werden es zweifellos als Mangel an Selbstliebe werten, wenn du solche Komplimente nicht annimmst. Die Wahrheit ist, dass du dich, so wie ein Tier sich nicht im Spiegel erkennt, in dem Spiegel, den andere dir mit ihrem Lob und ihrer Anbetung vorhalten, nicht erkennen kannst. Da sich die Macht deiner Gegenwart direkt proportional dazu verstärkt, wie du immer freier von Angst wirst, erkennst du dich nicht in dem, was sie über dich sagen, denn die Qualität, für die die Menschen dich lieben, ist nicht Teil deiner Persönlichkeit. Sie ist ein Zeichen dafür, dass dein Ego immer durchlässiger wird und dass das Licht, das dein ICH BIN ist, unbehindert vom Bedürfnis nach Anerkennung durch dich hindurchstrahlt.

Es hat nichts mit Ego zu tun, das zu erkennen. Aber gleichermaßen ist auch dein Fortschreiten zu weiterer Transparenz des Egos begrenzt, wenn du das Geschenk derer, die dir

Achtung zollen, nicht ehren und annehmen kannst. Vielleicht sind sie nicht so weit, den Unterschied zwischen deiner Persönlichkeit und ***dir*** zu erkennen, doch bemerken sie etwas an dir, das ihr Herz öffnet, und das kann nicht schlecht sein. Ihnen zu erlauben, diese Sicht für wahr zu halten, ermutigt sie, ihren Gefühlen zu trauen, wenn sie in direkten Kontakt mit der reinen Energie kommen und, mit ein bisschen Glück, diese Energie als Spiegel ihres eigenen ICH-BIN-Selbst zu erkennen und es nun auch zu wollen.

Der, der Gott sucht, ist wie der Mann, der seine Brille sucht. Er sucht überall, Frust und Blutdruck steigen, und in kürzester Zeit ist im ganzen Mann das Unterste zuoberst gekehrt. Aber dann sieht er sich plötzlich aus dem Augenwinkel im Spiegel, und siehe da, die Brille hängt um seinen Hals. Da hing sie schon die ganze Zeit. Gott war auch schon die ganze Zeit da, es gab keine Zeit, wo du nicht unauflöslich mit dem Göttlichen verbunden warst.

„Aber wie kann ich Gott in mir spüren?“ höre ich dich fragen. „Und wie kann ich meine innere Stimme zu mir sprechen hören?“ Es gibt keine Technik, die deinen Verstand hierin befriedigen wird. Aber wenn du großen Hunger hast und die Geräusche und Düfte aus der Küche hörst und riechst und deshalb weißt, dass da ein wunderbares Mahl gekocht wird, dann kannst du auch in Ruhe abwarten, bis die Küchentür aufgeht und dass Essen auf dem Tisch steht. Und so können sich, wenn du einfach vertraust und dich darüber freust, dass das Göttliche in dir ist, die illusionären Schranken, die zwischen dir und dem Erleben des Einsseins zu stehen scheinen, ganz sanft auflösen. Die innere Stimme reagiert nicht darauf, dass du verlangst, dass sie zu dir spricht, aber die Tür zum Einssein öffnet sich ganz von selbst von der anderen Seite als Reaktion auf die Stille, die von deinem Herzen ausgeht.

Wenn du Hunger hast, ist es nicht genug, das Essen einfach in den Mund zu stecken; du musst es auch kauen und schlucken, damit es richtig verdaut werden kann und dein ganzer Körper etwas davon hat.

Mit der Wahrheit ist es genauso. Es reicht nicht, wenn du sie einfach in deinem Hirn verstaust und dann und wann hervorholst und abstaubst, wenn du jemanden beeindrucken möchtest; dann kann sie auch leicht vergessen werden. Um etwas davon zu haben, musst du sie regelmäßig schmecken und genießen und darüber reflektieren, bis jede Zelle deines Körpers in ihr und mit ihr schwingt und sie dir mit der Zeit in Fleisch und Blut übergeht.

Es ist nicht klug, immer wenn etwas in deinem Leben schiefgeht, gleich daraus zu schließen, dass es so sein sollte. Wenn du zum Beispiel den Zug verpasst und nicht rechtzeitig zu deinem Vorstellungsgespräch kommst, dann würde ich nicht automatisch davon ausgehen, dass du den Job nicht bekommen solltest. Wahrscheinlicher ist, dass du noch etwas über Zeitmanagement zu lernen hast. Wenn du allerdings dadurch einen späteren Zug genommen hast und da neben jemanden zu sitzen kamst, der dein Leben verändert und dir einen noch viel besseren Job angeboten hat, dann könntest du sagen, das sollte so sein.

Du musst dir also die längerfristigen Konsequenzen dessen, was vor sich geht, anschauen und daraus kannst du dann genauere Rückschlüsse ziehen, ob etwas so sein sollte oder nicht. Dadurch bekommst du auch die richtige Perspektive und kannst erkennen, wie jede Drehung und Wendung deines Lebens von deinem Höheren Selbst großartig choreographiert wird, und dass nichts jemals schiefgehen kann, ganz gleich, wie sehr es danach aussieht.

Der Meisterpianist findet es nicht unter seiner Würde, täglich seine Tonleitern zu üben, denn er weiß, dass er nur mit gelenkigen und geübten Fingern den Genius des Komponisten interpretieren kann.

So muss auch der spirituelle Schüler täglich liebende Güte üben, ganz gleich, in welcher demütigen und unbedeutenden Handlung. Solche Akte liebender Güte und Selbstlosigkeit sind die Tonleitern des Schülers, die tägliche Übung, die es braucht, um Herz und Seele beweglich und geschickt zu halten. Durch sie erweist er sich als echter Liebender der Schöpfung und als der Diener, der in jedem Augenblick die Natur der Quelle unverfälscht durch Liebe in Aktion zum Ausdruck bringen kann.

Manchmal werde ich gefragt: „Wie komme ich auf meinem Weg voran? Bin ich schon näher am Einssein mit der Quelle?“

Was soll ich darauf antworten? Der Teil, der das fragt, ist das Ego; wenn ich also sage: „Du kommst super voran!“, dann wird das dem Ego gefallen, aber es wird auch den Augenblick hinauszögern, wo dieser Mensch wirklich spürt, dass er Eins ist, denn das lässt sich nur erreichen, wenn das Ego nicht danach strebt. Wenn es dir gleichgültig ist, wie nahe oder fern du dem Augenblick des Erwachens bist, dann kommst du ihm sehr nahe. Aber wenn du das jetzt liest und dich darin wiederfindest und befriedigt meinst, dann wärst du ja wohl schon nahe dran, bist du schon wieder einen Schritt zurück.

Wenn du danach lechzt, deinen Prozess zu beschleunigen, verzögerst du ihn unweigerlich, weil du ablehnst, wo du jetzt gerade stehst.

Tu, was dir gefällt, aber mache es nicht besser als jetzt.

Es gibt keine Zeit, die besser ist als jetzt. Es gibt nichts, das vollkommener und wirklicher ist als jetzt.

Es gibt keinen Augenblick, der dir tiefer dienlich ist als der jetzige.

Es gibt keinen Augenblick, der ein größeres Potenzial hat, dein Leben durch und durch zu transformieren, als der jetzige.

Die Selbstverwirklichung wird dir niemals näher sein als ***jetzt.***

Wenn du Annehmen wählst statt Widerstand und Vergebung statt Groll, dann werden die Herausforderungen und Verletzungen in deinem Leben wie die Sandkörner in einer Muschel sein, ohne die du keine Perle haben kannst. Was daraus folgt, sind die Perlen des Friedens, des Mitgefühls und der Liebe, aufgereiht auf einem Faden des Glaubens.

Der schnellste Weg, wie du zu dem Höchsten in dir erwachen kannst, ist, es in einem anderen zu sehen, denn es bedarf des Einen, um das Eine zu sehen.

❊

In der Neuen Weltordnung wird Macht nicht an Reichtum, Status, Intelligenz, Einkommen oder irgendetwas gemessen werden, womit sich das Ego vergleichen oder mit dem es wetteifern kann. Sie wird sich nur durch die Kraft und Tiefe deines Glaubens offenbaren.

Dein Glauben zeigt sich dann darin, wie froh du dich dem Willen des Höchsten hingibst, in deinem Mut, alles, was in deinem Leben geschieht, als gut und richtig für dich anzunehmen, in dem Frieden, den du ausstrahlen kannst, wenn du weißt, dass es nichts zu fürchten gibt, und in deiner unerschütterlichen Bereitwilligkeit, in anderen nur Gutes zu sehen.

Wenn du ins Theater gehen und dir ein Stück über dein Leben anschauen würdest, würdest du dann lachen oder weinen, würdest du vor Langeweile einschlafen, vor Peinlichkeit dein Haupt verhüllen oder dein Geld zurück haben wollen? Würdest du denken: „Wer hat denn bloß diesen Quatsch geschrieben?", wenn stets und ständig dieselben Textstellen wiederholt werden? Oder wärst du voller Mitgefühl, wie wenn du ein Tier im Zoo siehst, das ohne jegliche Hoffnung auf Freiheit in seinem Käfig auf und ab rennt, das Tag für Tag dieselbe Routine über sich ergehen lässt und dessen Überleben völlig von anderen abhängt?

Denn so viele von euch, liebe Freunde, sehen wir im Gefängnis der Rolle gefangen, die ihr inzwischen für euch selbst haltet, und ihr ladet alle ein, euch die Drehbücher zu liefern, die sicherstellen, dass das, was ihr auf Erden zu sein meint, auf jeden Fall erhalten bleibt, sodass das Stück auf gewohnte Weise weiterläuft, auch wenn ihr vielleicht größere Kreisen zieht. Es bleiben dennoch Kreise!

Sehnt ihr euch nicht danach, von diesem Karussell abzuspringen, in langes Gras hinein, das noch nie betreten wurde, und einen neuen Weg zu schaffen, auf dem es keine Sicherheiten gibt jenseits der Freiheit genau des jetzigen Augenblicks, und jedes Bedürfnis genau in diesem Augenblick erfüllt zu haben?

Die frohe Botschaft ist, dass du gar nicht selber abzuspringen brauchst, denn damit würdest du der Situation deinen Willen aufzwingen. Dein Beitrag zu deiner Befreiung besteht nur darin, klar genug zu erkennen, wie verrückt und endlos unerfreulich das Rollenspielen ist. Denn dann betritt eine andere „Figur“ die Bühne, Gnade geheißen, und in einem magischen Augenblick, der jedes Märchen weit übertrifft, löst sich das Karussell einfach auf und du erwachst mit einer so sanften und leichten Landung wie nur möglich vom Drama des Ego und entdeckst dein wahres Selbst.

Es gibt eine Zeile in einem berühmten Gebet, die lautet: „Unser tägliches Brot gib uns heute“. Das Wort, auf das es hier ankommt, ist natürlich „heute“. Jesus hat dieses Wort nicht gewählt, weil er frisches Brot besonders lecker fand. Und er sagte auch nicht: „Unser tägliches Brot gib uns heute und auch ein bisschen für die nächsten Tage und für alle Fälle ein paar Extralaibe zum Einfrieren.“

Die Worte des Gebets wollen den Gläubigen ermuntern, seine Ängste vor der Zukunft aufzugeben und zu vertrauen, dass immer für seine Bedürfnisse gesorgt wird.

Wenn du nicht gerade nackt und am Verhungern bist, wenn du das hier liest, trifft diese Wahrheit auf dich sowieso schon zu. Das wird auch immer so sein. Das, meine Lieben, ist die wirkliche Bedeutung von Fülle. Sie bedeutet nicht, wie viele meinen, Rücklagen auf der Bank und eine wohlgefüllte Tiefkühltruhe. Fülle ist ein Seinszustand, nicht etwas, das man hat.

Und wenn es, wie manche prophezeien, zum großen finanziellen Zusammenbruch kommt, gilt dasselbe. Dann werden der bescheidene Brotlaib, zusammen mit den Lilien auf dem Felde und den Vögeln in der Luft die Symbole des Neuen Zeitalters sein. Außerdem wirst du merken, dass das Vertrauen, dass jeden Tag für alle deine Bedürfnisse gesorgt wird, in jedem Augenblick noch zusätzlich eine wundervolle Lebendigkeit und Frische mit sich bringt, wo alle Angst vor der Zukunft verschwunden ist. Jeden Tag kannst du feiern, dass sich das, was Jesus gelehrt hat, als wahr erweist. Und wenn es allmählich normal für dich wird, jeden Tag einfach zu vertrauen, und dieses Vertrauen jeden Tag belohnt wird, denkst du vielleicht manchmal an die Milliarden von Menschen, die noch nie irgendetwas anderes gekannt haben, und fragst dich: „Wer ist denn nun der Reichere?“

Wenn du einen Guru oder Lehrer hast, von dem du dir erhoffst, dass er dich zur Erleuchtung führt, dann muss er oder sie – wenn sie ihre Arbeit gut machen – irgendwann versagen oder dich enttäuschen. Nicht unbedingt, weil der Lehrer irgendetwas falsch macht – in deinen Augen, außer dass er vielleicht die Hand nicht nehmen will, mit der du ihm deine Macht und Verantwortung übergeben wolltest, ihn drängen wolltest, für dich zu tun, was nur du allein tun kannst.

Denk an die Zukunft nicht in dem Sinne, wie du die Ereignisse überleben kannst, die für eine bestimmte Zeit vorausgesagt worden sind, sondern wie deine Seele auf die Intensivierung des Göttlichen Lichts reagiert, das jetzt die tiefsten Winkel deines Herzens erreicht und dich zu einem, wie Jesus es nannte, Leben aufruft, das voller und reicher erblühen will.

Die Veränderungen in deinem Bewusstsein, die durch diese Reaktion auf das immer stärker werdende Licht hervorgerufen werden, können jedoch nicht wirklich echt sein, wenn sie nur ein Gegenmittel gegen die Angst sein sollen, genauso wie eine Pflanze nicht wächst, weil sie Angst vor der Dunkelheit hat, in der ihre Wurzeln stecken. Sie wächst einfach, weil sie unwiderstehlich zur Quelle allen Lebens hingezogen wird.

Damit in deinem Leben ein Wunder geschehen kann, musst du als Erstes die Überzeugung aufgeben, dass das, was man sieht und anfassen kann, die Wirklichkeit darstellt. Diese Wahrheit wird in der Geschichte, wo Jesus fünftausend Menschen mit ein paar Fischen und Broten speisen konnte, perfekt demonstriert. Er konnte es deshalb, weil Er die Wahrheit kannte, dass immer genug für alle da ist. So war es dann auch, tatsächlich war mehr als genug da. Er hat nicht zuerst mal schnell überschlagen, wie viel man brauchen würde, um die Menge satt zu kriegen. Nur gerade das Nötigste zu haben, war nicht sein Stil. Er manifestierte also nicht nur einen kleinen Snack, um sie alle bei Laune zu halten, sondern genug für alle, um sich wirklich satt zu essen, und es blieb noch eine Menge übrig.

Wenn du das glaubst, kannst du auch in deinem Leben Wunder haben. Aber fang erst mal klein an. Vielleicht kannst du ja nicht gleich aus den schimmeligen Käseresten und angefaulten Tomaten hinten im Kühlschrank ein Hochzeitsbankett zaubern. Aber viele von euch haben sich schon erfolgreich einen Parkplatz oder ein Taxi manifestiert, auch unter Umständen, wo das völlig unmöglich schien.

Je mehr du übst, aus dem Vertrauen zu leben, umso mehr wird dein Vertrauen belohnt. Denk daran, Glauben ist wie ein Muskel, der regelmäßig trainiert werden muss, und das Leben steht dir jederzeit gern als hilfsbereiter und effektiver persönlicher Trainer zur Verfügung. Wenn dein Glauben nach und nach immer stärker wird, verbindest du dich mit den grenzenlosen Ressourcen der universellen Energie und manifestierst auch die größeren Dinge. Sie kommen nicht auf logische Weise zu dir, sondern in einem Paket, übersät mit den Fingerabdrücken Gottes. Also wirf den Taschenrechner weg, auf dem du ausrechnest, wie viel du dir für dieses leisten kannst oder für jenes brauchst. Wenn du so denkst, wirst du nur manifestieren, was du dir ausgerechnet hast. Du wirst immer haben, was du brauchst, weshalb solltest du dich also mit Zahlen und Summen befassen? Warum nur gerade genug für einen Snack berechnen, wenn du auch ein Festmahl haben kannst?

Für den Gärtner ist der Herbst die Zeit zum Bäume beschneiden, die Zeit, abgestorbenes Holz und Äste, die entweder zu alt oder zu schwach sind, um Früchte zu tragen, zu entfernen. Es kann eine gute Idee sein, in regelmäßigen Abständen dein eigenes Leben so zu betrachten wie der Gärtner den Rosenbusch und dich zu fragen: „Welche alten Gewohnheiten oder geistigen Einstellungen, die mein Wachstum behindern, kann ich jetzt loslassen?" oder „Woran halte ich fest, und gibt es da etwas, wovon ich mich jetzt befreien kann?"

Du hängst vielleicht an deiner Identifikation, an dem, was du im Laufe deiner persönlichen Geschichte, einschließlich vergangener Leben, als „ich" definiert hast, oder an Menschen in deinem Leben, „Freundschaften" und gesellschaftlichen Verbindungen, die du beibehältst, weil du niemanden verletzen oder unsozial erscheinen möchtest. Deine alte Einstellung könnte sein, dass das Leben ein Kampf sein muss, oder du stößt immer auf die Propaganda, mit der dein innerer Richter dich jeden Tag traktiert.

Denkt daran, ihr Lieben, ihr seid vor allem dem Höchsten in euch verpflichtet. Ihr, nur ihr ganz allein, seid für euer eigenes Wohlbefinden verantwortlich, und auch wenn dein Ego vielleicht so konditioniert ist, dass es dich für egoistisch hält, wenn du etwas unternimmst, das eventuell eine negative Wirkung auf andere hat, dann denk daran, was für einen größeren Dienst du erbringen kannst, wenn du dich von allem befreist, was dich daran hindern will, dein volles Potenzial zu leben.

Mache es dir deshalb zu einer regelmäßigen Übung, dich zu fragen: „Was bedeutet Freiheit für mich und welchen kleinen Schritt kann ich heute tun, der mich dieser Freiheit näher bringt?“

Die Sehnsucht nach wahrer innerer Freiheit kann manchmal ziemlich frustrierend sein. Es ist, als hätte man einen riesigen Schlüsselbund und versuchte, den richtigen Schlüssel zu finden, der die Tür aufsperrt. Wenn keiner passt, probierst du sie alle, einen nach dem anderen, noch einmal, und das wieder und immer wieder, und wirst dabei immer frustrierter und ungeduldiger. Schließlich lehnst du dich erschöpft gegen die Tür und, halleluja, sie geht auf! Das ist der Moment, wo du verstehst, warum keiner der Schlüssel sie aufschließen konnte. Die Tür war überhaupt nicht verschlossen!

Jeder der Schlüssel steht für eine andere Technik, einen anderen spirituellen Weg, ein Glaubenssystem oder ein Buch; jeder ist in sich selbst ein vollkommenes Exemplar, handwerklich perfekt gestaltet, präzise und formvollendet. Wahre innere Freiheit erlangst du aber nicht als unmittelbares Resultat deiner konzentrierten Bemühungen auf einem bestimmten Weg. Damit möchte ich keinen Weg, dem du folgst, und keinen Glauben, dem du anhängst, diskreditieren. Denn ganz gewiss wird deine eigene innerste Weisheit dich letztlich an den Punkt bringen, wo du mit einem tiefen Gefühl der Erleichterung schließlich in der Schatzkammer deines eigenen Herzens ruhen kannst und dort die Freiheit findest, nach der du dich gesehnt hast.

Einsamkeit kann sich wie ein Fluch anfühlen, aber in dieser Erfahrung von Einsamkeit liegt auch ein wunderbares Geschenk, denn nur dann, wenn die intensivste Einsamkeit dich in den Fängen hat, bist du ganz nahe daran, die Illusion der Getrenntheit zu durchschauen. Wenn du einsam bist, dann gib dich dem vollkommen hin. Auf diese Weise lässt du zu, dass die Gnade dich in die Wahrheit des Einsseins führen kann, des Wissens, dass nichts, aber auch gar nichts, dich jemals von der Liebe Gottes trennen kann.

Für manche Menschen ist „Ich denke, daher bin ich“ der Satz ihres Lebens. Für andere ist es „Ich bin reich, daher bin ich“ oder „Ich wohne im größten Haus in der Straße, daher bin ich“; wieder andere meinen, “Ich bin hoch spirituell, daher bin ich“, vielleicht auch „Ich bin freundlich und liebevoll, daher bin ich“. Für manche kann es sein „Ich werde geliebt, daher bin ich“ oder sogar „Ich lebe in ständigem Schmerz, daher bin ich“. Es gibt zahllose Variationen dieses Themas. Aber für das, was du bist, kann es kein „daher“ geben. In Wirklichkeit ist jedes dieser „Dahers“ eine Maske des Egos, hinter der es dein wirkliches Sein versteckt und so die Welt um die Chance bringt, die reine Präsenz zu erfahren, die du in Wahrheit bist.

Lasst also die Masken fallen, ihr Lieben. Masken dienen nur dazu, ein Drama aufzuführen, ein Drama, das du als heilenden Balsam brauchst, weil du dich schämst und glaubst, verkehrt oder nicht gut genug zu sein. Aber du bist unschuldig. Du brauchst keine Maske, genauso wie ein altes Meisterwerk keinen Rahmen braucht, um seinen Wert zu erhöhen.

Stell dir vor, du gingst über einen riesigen Friedhof und auf jedem Grabstein stünde dasselbe: „Ich habe mein Bestes getan“. Nimm dir jetzt ein paar Minuten Zeit und lass das mal auf dich wirken. Wie wäre das? Ich sage das nur, um dich zu erinnern, dass es – auch wenn du so leicht Fehler darin findest, wie andere sich entscheiden oder wie unbewusst sie anscheinend leben, zumindest verglichen damit, wie du dein eigenes Leben zu leben glaubst – nur darauf ankommt, dass ihr, sie und du, euer Bestes gebt.

Wir finden es so witzig, wenn wir dich in deinen dunkelsten Momenten sagen hören, da sei ein Licht am Ende des Tunnels. Das einzige Licht, das wir jemals sehen können, bist du! Wenn also wieder einmal alles nur dunkel zu sein scheint, dann denk daran: Tröste dich nicht mit einem Licht irgendwo in weiter Ferne, sondern mit dem Licht, das in dir ist. Es wird dich immer in Sicherheit bringen.

Stell dir vor, es ist ein herrlicher Tag, ohne eine einzige Wolke am Himmel. Der Raum, in dem du sitzt, ist von Sonnenlicht durchflutet. Dann geschieht auf einmal etwas Seltsames. Die Sonne scheint weiter, aber der Raum wird nach und nach immer dunkler, bis du mit bloßem Auge nicht einmal mehr erkennen kannst, was alles darin steht. Der Grund dafür ist einfach. Die Rollläden haben sich geschlossen. Du ziehst sie also wieder hinauf und schon scheint die Sonne wieder herein.

Etwas Ähnliches geschieht, wenn sich der Geist verschließt. Die fröhliche, optimistische Stimmung verfliegt wie Sand, der dir durch die Finger rinnt. Die schönen Visionen und Träume, die dich noch vor einer Minuten beflügelt haben, gehen in den ewigen Fragen von „Wie?" und „Aber was, wenn...?" und „Wozu denn das Ganze?" unter. Was dich begeistert hat und sich so leicht anfühlte, erscheint dir jetzt schwierig zu realisieren. Das Gefühl von Glauben und Vertrauen, dass alles gut ist, geht in Zweifel und Angst unter.

Alles, was du zu tun hast, wenn so etwas geschieht, ist, es zu *merken*, zu erkennen, dass der Kopf sich in seine Bequemlichkeitszone der Rationalität – und daher der engen Sicht der Dinge – zusammenzieht. Wie viel schöner ist es, das Unerwartete zu erwarten, ja sogar das Wunderbare, wenn durch einen offenen Geist das Licht des höheren Bewusstseins die Sinne durchflutet und damit alles möglich macht.

Stellt also eure Rollläden fest, ihr Lieben, sodass ihr den größten Ausblick habt, und erwartet das Wunder!

Ich sehe, dass viele von euch besorgt sind, weil sie sich emotional immer losgelöster fühlen, selbst von denen, die sie einst zu ihren Liebsten gezählt haben. Ihr befürchtet, eure Liebesfähigkeit zu verlieren und deshalb möglicherweise auf eine einsame Zukunft zuzusteuern.

Seid ganz getrost, ihr verliert nicht eure Fähigkeit zu lieben. Tatsächlich ist genau das Gegenteil der Fall. Euer Herz entwickelt sich einfach in ein Zentrum Universaler Liebe, die auch eine unpersönliche Liebe ist. Du fühlst sie nicht, weil sie keine Beziehung zum Ego hat. Einfach ausgedrückt: Du wirst von einem liebenden Menschen zu einem Menschen, der Liebe *ist*. Das heißt nicht, dass du von jetzt an nie mehr eine persönliche Beziehung genießen kannst, sondern dass diese Beziehungen darauf aufbauen werden, in Freiheit zu lieben, und nicht auf einem Bedürfnis, sich vollständig zu fühlen oder eine alte Verletzung zu überdecken.

Diese Entwicklung führt dazu, dass viele von euch Symptome an ihrem Herzen wahrnehmen und befürchten, es sei etwas Körperliches. Natürlich, wenn du wirklich besorgt bist, solltest du dich an einen Arzt wenden, aber er wird wahrscheinlich nichts finden. Dann weißt du, dass es sich nur um alte emotionale Schmerzen handelt, die an die Oberfläche kommen, denn um zu diesem Punkt der Liebe zu werden, muss sich dein Herz von seiner Vergangenheit befreien. Jeder Widerstand dagegen, die Vergangenheit loszulassen, verstärkt nur deine Symptome.

Ich finde es hier angebracht, euch daran zu erinnern, dass eine der ältesten Prophezeiungen die ist, dass viele falsche Propheten kommen werden. Seid also achtsam, meine Lieben, in wen oder was ihr jetzt euer Vertrauen setzt, denn diese Prophezeiung hat sich noch nie mehr bewahrheitet als jetzt.

❋

Wenn du dir zu den Emotionen, die in dir hochkommen, eine Geschichte erzählst, dann werden diese Emotionen von deiner Psyche absorbiert und bewirken, dass dein Herz sich zusammenzieht. Versuche zu verstehen, dass Emotionen lediglich Energie sind, die sich durch deinen Körper bewegt, so wie der Wind, der durch die Bäume streicht. Deshalb sagst du, „Ich bin bewegt“, wenn dich etwas berührt, so wie die Blätter des Baumes bewegt werden, wenn der Wind weht. Wenn der Wind aufhört, werden auch die Blätter still. Wenn du also die Emotionen, die durch dich hindurchgehen, einfach beobachtest, dann wird nicht nur die Emotion dieses Augenblicks kommen und auch wieder gehen, sondern auch die alten Emotionen, die schon in deinem Herz absorbiert sind, nach und nach verschwinden.

Das nächste Mal, wenn du etwas wahrnimmst, das der Verstand als Wut, Traurigkeit oder Angst bezeichnet, sage dir einfach: „Da weht eine reinigende Brise durch mein System.“ Beobachte es einfach, ohne irgendeine dramatische Geschichte daran zu knüpfen. Halte dir das Bild eines Baumes vor Augen, der sich sanft im Winde wiegt; stell dir vor, wie die Blätter rascheln, wenn der Wind hindurch streicht, und sieh auch, wie all die alten Blätter aus vergangenen Jahreszeiten, die ihm zu Füßen gefallen sind, weggeblasen werden. Halte dieses Bild, bis du wieder in Frieden bist.

Wir sehen so viele von euch unermüdlich an sich selber arbeiten, um die Wunden der Vergangenheit zu heilen, und wir sehen, wie entmutigt ihr seid, wenn etwas, das ihr schon für geheilt hieltet, wieder sein hässliches Haupt erhebt. Manchmal sieht das aus wie ein niemals endender Kampf. Es ist, wie wenn ihr in einer Bergbahn unterwegs seid: Ihr seid in einem dunklen Tunnel und kommt dann plötzlich ins helle Tageslicht hinaus. Aber bevor sich eure Augen noch an das Licht gewöhnen können, um euch den Blick auf die wunderbare Aussicht zu gestatten, seid ihr schon wieder im nächsten Tunnel.

Lass dich davon nicht entmutigen. Denk daran, du bereitest dich auf etwas immens Großes vor. Das erreicht man nicht in ein paar Tagen. Jeder Tunnel ist notwendig, um dich immer höher hinauf zu bringen, bis zum Gipfel des menschlichen Bewusstseins. Vielleicht ist ja so ein Tunnel sogar der sicherste Ort, an dem du gerade sein kannst, vielleicht sogar umso mehr, je dunkler er ist. Denn nur wenn du in einem so dunklen Tunnel bist, dass du die Hand vor Augen nicht sehen kannst, hast du eine Chance, den Segen zu erfahren, der darin liegt, zutiefst anzunehmen, was ist, und es vollkommen dem Höchsten zu überlassen, dich wieder ans Licht zu führen.

„Wie kann ich mich denn von Angst befreien?“ werde ich so oft gefragt. Der geliebte Jünger Johannes, mit dessen Worten ich diese Geschichte begonnen habe, gab darauf die einfachste und tiefste Antwort: „Vollkommene Liebe treibt alle Angst aus.“

Wenn du glaubst, Freiheit zu erlangen, sei nur möglich, indem du alles aus dir entfernst, was dich einschränkt, dann dauert das sehr lange. Es ist, wie wenn du etwas Klebriges am Finger hast: Du versuchst es abzuwischen, aber dann klebt es bloß am anderen Finger.

Liebe Freunde, muss denn das Huhn das Ei loslassen, bevor es ein Ei legen kann? Muss die Blume die Hülle, die sie umgibt, loslassen, bevor sie aufblühen kann? Muss das Baby die Mutter loslassen, bevor es geboren werden kann? Natürlich nicht! In all diesen Beispielen setzt zum genau richtigen Zeitpunkt von innen heraus eine Bewegung ein, die das Küken, die Blume und das Baby aus dem herauskommen lässt, was sie bis dahin umhüllt und geschützt hat.

Und in jedem von euch gibt es diesen Ort, an dem es keine Angst gibt, keinen Schatten, keinen Schmerz und weder Schuld noch Scham. Ihr seid schwanger mit der reinsten Unschuld und der Vollkommenen Liebe.

Wenn ihr euch nur öfter die Erleichterung und den Trost gönnen würdet, diesen Ort in euch aufzusuchen und wieder zu wissen, dass er da ist, dann würde er wachsen und wachsen, wie das Baby im Mutterleib. Und indem er nach und nach die Stellen einnimmt, die früher von euren Ängsten belegt wurden, wirft er buchstäblich, wie Johannes sagt, alle Angst hinaus. Und so werdet ihr neu geboren.

❊

An einem Wunder ist nichts Wunderbares. Ein Wunder ist einfach nur ein Nebenprodukt davon, dass das geistige Gesetz frei wirken kann, weil ein vertrauensvolles Herz und ein offener Geist ihm den Raum dafür lassen.

Ein offener Geist kennt kein „Wie?“ oder „Was wenn?“ oder „Wann?“. Es gibt darin auch kein „Ja, aber“ und kein „Es ist schwierig“.

Aber es gibt freudige Aufgeregtheit und Erleichterung in dem Raum, der dadurch entstanden ist, dass keine einschränkenden Gedanken mehr da sind und der Saboteur die Kontrolle aufgegeben hat. Der wirklich offene Geist ist vollkommen frei von früheren Konditionierungen und Angst vor der Zukunft.

Alles kann geschehen.

Du brauchst dich niemals dafür zu entschuldigen, dass du ein Mensch bist. „Ich bin eben nur ein Mensch", sagst du, wenn du erklären willst, warum du einen Fehler gemacht hast. Wenn du einem Hund einen Ball wirfst und er fängt ihn nicht, sagt er auch nicht: „Tut mir leid, ich bin halt nur ein Hund." Hunde fangen manchmal den Ball nicht. Wenn eine Katze nicht mehr vom Baum herunter kann, sagt sie nicht: „Entschuldigung, ich bin nur eine Katze!" Manchmal ist das eben so, dass Katzen nicht vom Baum herunter können.

Du bist nicht „nur" ein Mensch. Du bist köstlich menschlich, vollkommen menschlich; in all deinen Fehlern und Eigentümlichkeiten bist du ganz wunderbar und durch und durch menschlich, genau so, wie du bist. Tief in deinem Herzen bist du außerdem auch immer ein freundlicher Mensch.

Gestatte dir, menschlich zu sein, und gestatte es auch allen anderen. Gestatte, dass Menschen manchmal nicht nett sind zu anderen Menschen. Menschliche Tragödien entfalten sich überall um dich her, Tragödien, bei denen man den Menschen nicht, je nachdem, welche Rolle sie dabei spielen, dieses oder jenes Etikett aufkleben muss, sondern sie nur in dem Schmerz und dem Leid verstehen, die solche Tragödien entstehen lassen. Wahrscheinlich warst du in einem vergangenen Leben in eine ähnliche Geschichte verwickelt.

Denkt daran, wir urteilen niemals über euch. Wir denken immer daran, dass ihr Menschen seid. Bitte denkt auch ihr daran.

Wenn du dich in einem oder einer Reihe von Erdenleben durch deine unbewussten Entscheidungen von dem Weg entfernt hast, den sich deine Seele wünscht, wird das in der Folge korrigiert, indem deine Seele neue Lebensumstände für dich wählt, durch die die Harmonie wiederhergestellt und die Weisheit in dir geweckt werden kann, die jeder solche Umweg für dich bereithält.

Ihr Lieben, ich komme, wie so oft, wieder einmal auf mein liebstes Symbol zurück, die Rose. Im Kontext dieser Lehren, dich ich euch übermittle, bietet sich die Rose als vollkommene Metapher an, um die Unterschiede zwischen manifest und unmanifest, zwischen Illusion und Wahrheit, zwischen dem Tun und der Macht des Seins zu unterstreichen.

Als Menschen seid ihr natürlich sowohl manifest als auch unmanifest. Euer Geist ist zum Zweck des Lernens eine Zeitlang in diesem physischen Körper verankert, und doch seid ihr nicht dieser Körper, nicht mehr, als ihr die Kleider seid, die ihr tragt. Ihr interagiert durch den physischen Körper und die fünf Sinne als individuelle Persönlichkeit mit der manifesten Welt. Euer wahres Selbst jedoch offenbart sich unabhängig von irgendwelchen Persönlichkeitsmerkmalen als etwas Undefinierbares, aber Erhebendes und Heilendes. Sehr oft sieht es so aus, als ob die beiden Teile in direktem Gegensatz in einer Person zueinander stünden. Wie kann eine so unvollkommen gestaltete Rose einen so wunderbaren Duft verströmen?

Daher, meine Freunde, für alle von euch, ganz gleich, was eure Rolle in der Welt der Form sein mag, gibt es nur eine Lösung, nämlich, als Erstes jede Vorstellung aufzugeben, dass in euch selbst oder irgendjemand anderem irgendetwas nicht vollkommen sein könnte. Zu versuchen, etwas zu verbessern, was ihr für nicht gut haltet, ist letztlich eine sinnlose und fruchtlose Aufgabe, die niemals ein Ende nimmt.

Konzentriert euch stattdessen ganz bewusst darauf, euch nach und nach nur noch mit dem Duft zu identifizieren, mit dem Formlosen, dem Unverletzlichen, Unfassbaren und Undefinierbaren, das ihr seid.

Eine so viel größere und dauerhaftere Erfüllung kommt, wenn du dich mit dem Formlosen, dem Unmanifestierten in dir und in anderen identifizierst. Denk daran: Was auch für Stürme durch deinen Garten fegen und die Rose knicken mögen, welche Käfer und Raupen auch die Blütenblätter anknabbern mögen, den Duft deiner Rose kann nichts zerstören. Und selbst wenn der Sturm zwei Blüten aneinander schlägt, mag ihre physische Gestalt vielleicht dadurch, dass eine Form auf die andere prallt, zugrunde gehen, ihre Düfte jedoch verschmelzen miteinander ohne jedes Aufpralltrauma.

Eure Seele ist wie ein Navi. Die Straße, über die es euch schickt, ist vielleicht nicht die, die ihr euch selber ausgesucht hättet. Sie ist möglicherweise nicht die schönste, sie kann holprig und voller Schlaglöcher sein. Aber am Ende bringt sie euch über die bestmögliche Route ans Ziel.

„Hab' ich das richtig gesehen oder war es nur meine Phantasie?", fragt jemand, ganz als ob die Phantasie etwas wäre, das man als bedeutungslos abtun kann.

Liebe Freunde, eure Phantasie ist das Instrument eurer Seele; sie ist der Pfad, auf dem alles, was euer Verstand nicht erfassen oder ausdrücken kann, in euer Bewusstsein gelangt. Sie ist das kostbarste Werkzeug, das euch zur Verfügung steht, um eine andere Realität zu erschaffen als die, in der ihr lebt. Sie ist das Herz und der Kern eures Betens.

Ohne Phantasie gäbe es kein künstlerisches Schaffen und keine wissenschaftlichen Erfindungen, denn das Höhere Wissen hätte keinen Übersetzer zur Verfügung, durch den es euch inspirieren kann. Ohne Phantasie gäbe es keine Helden und keine Sieger, denn es war ihre Phantasie, die ihnen den Mut gab, das scheinbar Unmögliche zu verwirklichen.

Deshalb, meine Lieben, lasst eurer Phantasie freien Lauf! Was ihr euch vorstellen könnt, kann auch geschehen!

Und so könnte man die Worte des Jüngers Johannes auch so paraphrasieren: „Bevor irgendetwas da war, stellte sich Gott die Welt vor. Am Anfang war die Phantasie. Die Phantasie war bei Gott. Die Phantasie war Gott."

Es gibt kein gutes oder schlechtes Karma. Das Gesetz des Karma ist lediglich ein fehlerfrei funktionierender Selbstregulierungsmechanismus, den deine eigene Seele betreibt und der mit dualistischen Vorstellungen von richtig oder falsch und mit Angst vor Strafe nichts zu tun hat.

Denk an einen Seiltänzer, wie er seine Stange benutzt, wenn er die Distanz zwischen zwei hochgelegenen Punkten überwindet. Wenn die Seele der Akrobat ist, dann ist die Stange das Karma, das Werkzeug, das sie einsetzt, um Einflüsse auszugleichen, die sie vielleicht aus dem Gleichgewicht bringen könnten. Und natürlich hat die Seele dabei, wie der Akrobat, die Augen ganz fest auf das Ende des Weges gerichtet.

Wenn du dem Glück hinterherrennst und nur glücklich sein willst, egal durch welche Erfahrungen und Mittel, dann kannst du das nicht sein, ohne auch seiner anderen Hälfte zu begegnen, dem Unglück. Jemand, der nur nach Glück trachtet, ist wie ein Mann, der zuerst das Dach seines Hauses bauen will, weil er sich vorstellt, dann darunter im Trockenen zu sein, während er das Fundament legt. Das Fundament für alle Arten von Wohlbefinden ist jedoch Frieden, aus dem dauerhafte Freude entspringen kann. Man findet ihn, indem man in die ewig unwandelbare Atmosphäre des eigenen innersten Wesens eintaucht.

Mache den Frieden zu deiner Grundlage und dein Dach wird nie davonfliegen. Die Erfahrung von wahrem Frieden ist untrennbar mit der Erkenntnis verbunden, dass alles immer in Ordnung ist mit dir; dass du die Wahrheit akzeptiert hast, die ein großer Lehrer so beschrieb: „Wenn das Leben für dich ist, was kann dann gegen dich sein?" Deshalb hat Jesus in seiner letzten Ansprache an seine Jünger, bevor sein Schicksal seinen Lauf nahm, auch nicht gesagt, „Mein Glück lasse ich bei euch!" oder sogar „Meine Liebe lasse ich bei euch!", sondern „Meinen Frieden lasse ich bei euch!"

Euch hinzugeben, ist so viel einfacher, als euer Verstand es euch zu denken erlaubt.

Wenn etwas Praktisches in eurem Heim nicht funktioniert, zum Beispiel ein Rohr verstopft ist, dann ruft ihr einen Klempner. Wenn ihr Zahnschmerzen habt, geht ihr zum Zahnarzt. Wenn euch jemand etwas stiehlt, geht ihr zum Rechtsanwalt. Anders ausgedrückt, ihr übergebt die Sache einem Experten und vertraut darauf, dass er sie für euch in Ordnung bringt.

Es ist nicht anders, wenn ihr die Lösung für ein spirituelles oder emotionales Problem in eurem Leben sucht oder euch bewusst wird, dass ihr nicht länger alles, was euch geschieht, unter Kontrolle haben könnt. Nur ist in diesem Fall der Experte, dem ihr das Problem übergebt, ein Teil von euch selbst, euer Höheres Selbst, der Teil, der ganz und gar weise, allwissend und all-liebend ist.

Viele haben Angst vor der Hingabe, weil sie denken, dass sie dadurch die Macht über ihr Leben an eine äußere Autorität abgeben, die willkürlich darüber entscheidet, was mit ihnen geschieht, und das wird höchstwahrscheinlich nicht das sein, was das Ego sich wünscht. Wenn du jedoch weißt, dass Hingabe nichts weiter bedeutet, als dich demütig deinem Höheren Selbst anheimzugeben, das natürlich die beste mögliche Lösung für alle finden wird, ist es das einzig Vernünftige, was du tun kannst.

Du weißt, ein Diamant ist sehr, sehr hart. Kein Mensch hat die Kraft, ihn ohne Hilfsmittel zu bearbeiten und verändern. Um eine Wirkung auf deine Welt zu haben, wie du sie gerne hättest, ist es erforderlich, dass du in deinem Festhalten an der Wahrheit genau so stark und unbeugsam wirst und ebenso widerstandsfähig gegenüber Manipulationen durch ein menschliches Ego – auch dein eigenes – wie dieser Diamant. Du musst das Licht ebenso wunderschön reflektieren, wie ein Diamant das kann. Kurz gesagt, du brauchst den Mut, für deine Welt zu sein, was der Diamant für die Welt der Mineralien ist.

Wenn es an der Zeit ist, eine große Entscheidung in deinem Leben zu treffen, dann mach dir die Sache nicht schwerer, indem du dir Sorgen machst, ob es eine richtige oder falsche, eine gute oder eine schlechte Entscheidung ist oder ob das, was du machen willst, eines spirituellen Menschen würdig ist.

Es kommt nur darauf an, dass du eine bewusste Entscheidung triffst und die Verantwortung für alles übernimmst, was daraus folgt.

Wenn du also zum Beispiel kein Geld hast und beschließt, das Problem dadurch zu lösen, dass du eine Karriere als Bankräuber beginnst, dann ist das für uns in Ordnung, solange du die Verantwortung für das übernimmst, was daraus folgen könnte, und nicht mir oder Gott die Schuld gibst, wenn du im Gefängnis landest.

Und wenn du je auf dein Leben und auf die Entscheidungen, die du getroffen hast, zurückschaust (was sowieso nie eine gute Idee ist), dann denk einfach, dass das zu der Zeit, wo du dich so entschieden hast, eben deine Wahrheit war.

Wenn du gerade Spaß hast, sagst du normalerweise: „Vergeht die Zeit nicht wie im Fluge?“ Natürlich tut sie das. Denn wenn du etwas wirklich genießt, dann sind da keine Gedanken an Vergangenheit oder Zukunft, es gibt nur das Jetzt. Und daraus lässt sich nur folgern, dass im Jetzt zu leben in Freude zu leben heißt.

Ein Vorspiel zur Selbstverwirklichung ist, dich ohne Landkarte an einem Ort zu befinden und kein Bedürfnis zu haben, zu wissen oder herauszufinden, wo du bist oder wie weit du noch gehen musst, um dein Ziel zu erreichen. In diesem Stadium lässt du vielleicht auch all diese behaglichen Glaubenssysteme los, die dir bislang Trost und Sicherheit gegeben haben, wie z. B. dein Glaube an Engel oder geistige Führer oder an Reinkarnation und sogar dein Glaube an Gott, so, wie du dieses Wort bis jetzt immer verstanden hast. Tatsächlich stellst du vielleicht alles infrage, was du bisher geglaubt hast, und merkst, dass das Einzige, was zählt, ist, zu wissen, dass du ***bist***.

ICH BIN. Wenn du das wirklich fühlen kannst und weißt, dass es eine unumstößliche Wahrheit ist, dann ist es ein kleiner Schritt für den Verstand, das Bedürfnis nach Benennungen und Definitionen aufzugeben und zu erkennen und zu akzeptieren, dass alles einfach ***ist***.

Wenn du dich also wieder einmal voller Schmerz und Sorge sagen hörst, „Ich weiß überhaupt nicht mehr, wer ich eigentlich bin!", dann denk nochmal ein bisschen tiefer darüber nach, was du da sagst. Was du in Wirklichkeit sagst, ist, dass du nicht mehr weißt, wer du in Beziehung zu irgendetwas oder irgendjemandem in deiner Umgebung bist. Du kannst deine Feststellung aber auch umdrehen und stattdessen sagen: „Das Einzige, was ich sicher weiß, ist, dass ICH BIN!"

Jeder Diamant, der aus einer Mine geborgen wird, ist latent ein funkelnder Edelstein. Manche von euch sträuben sich gegen die Vorstellung, so hell zu strahlen; sie befürchten, dass ihr Ego dann verrückt spielen könnte oder dass andere denken, sie hätten ein aufgeblasenes Ego. Aber, ihr Lieben, ihr seid alle sowieso schon Diamanten; wenn ihr auch nur ein einziges Mal gebetet habt: „Dein Wille geschehe!", habt ihr euch dem Höchsten bereits unvermeidlich als Rohmaterial zur Verfügung gestellt, das nach Seinem Willen geschliffen und geformt werden will, sodass Seine Liebe am allerschönsten durch euch reflektiert werden kann. Wenn ihr euch dem Höchsten hingebt, zieht ihr damit automatisch die – manchmal schmerzhaften – Lebenserfahrungen an, die euch zu dem vielfacettigen Wesen machen, das zu werden ihr erbeten habt.

Wir sehen, dass viele unserer Freunde sich in dieser Zeit in einem tiefen Prozess des Loslassens befinden. Manche haben sich ganz bewusst dafür entschieden. Bei manchen sieht es so aus, als sei ihnen dieser Prozess aufgezwungen worden, als würde ihnen einfach alles entrissen, was das Ego aufrechterhalten hat. Wie auch immer es ist, es offenbart sich darin die Absicht eurer Seele, in die größere Identifikation mit eurer Essenz, eurem innersten Sein, einzutreten und euch in einen Seinszustand zu bringen, in dem ihr es ganz und gar eurer göttlichen Präsenz überlasst, die Arbeit zu tun.

Wenn du dich also fragst, ob es wirklich etwas Wertvolles ist, einfach nur zu *sein*, ob du damit überhaupt irgendeinen Beitrag leistest, dann wisse: In einem Zustand einfachen Seins zu leben, ist so ziemlich die dynamischste Lebensweise, die man haben kann.

Sie ist so dynamisch wie der Wind, den du auch nicht sehen oder in eine Flasche füllen kannst, dessen Wirkung du aber spürst. Genau wie der Duft einer Rose keine definierbare Funktion hat, sondern einfach dadurch, dass er da ist, auf den Geruchssinn wirkt, so hat vielleicht auch die Macht eures Seins keine sichtbare oder handfeste Funktion, aber sie hat eine tiefgreifende Wirkung auf das Herz, den Verstand und die Seele eines jeden, der mit ihr in Berührung kommt.

Der Große Weiße Geist zeigt dir seine Liebe nicht immer so, dass du dich geliebt fühlst, sondern Er führt dich auf einem vielleicht schmerzhaften Weg voller Herausforderungen, der dein Herz von aller Angst befreit, sodass andere Menschen sich durch dich von Ihm geliebt fühlen können.

Indem du verzeihst, anstatt zu urteilen oder dich ins Unrecht gesetzt zu fühlen, bringst du nicht nur dein Vertrauen in die göttliche Gerechtigkeit zum Ausdruck, sondern du erhebst dein Bewusstsein auch in solchem Maße, dass das Licht, das du ausstrahlst, es für jeden anderen schwer macht, in einer Weise zu sprechen oder zu handeln, die dich kränken und deshalb deine Vergebung erfordern könnte.

„Wie kann ich mein Herz öffnen?“ fragst du.

Die Antwort ist, einfach die Angst loszulassen. Dann tut das Herz, was ihm am natürlichsten ist: Es geht auf. Es braucht dafür keine Hilfe, genausowenig wie eine Blütenknospe Hilfe braucht, um aufzublühen. Du musst lediglich die richtigen Bedingungen schaffen, damit sie tun kann, was sowieso in ihr angelegt ist.

Angst zeigt sich auf zahllose Weisen. Dein strenger innerer Richter ist ebenso ein Ausdruck von Angst wie die viele Zeit, die du in deinem Kopf verbringst; dein Bedürfnis nach Anerkennung und Zuwendung von außen ebenso wie dein Bedürfnis, deine Umgebung zu kontrollieren; dein Zynismus und besonderes Augenmerk auf all das auf der Welt, was du als falsch und hässlich wahrnimmst, ebenso wie dein Widerstand gegen jede Situation, in der du dich befindest.

Durch alle diese Haltungen verleugnest du den Göttlichen Funken in dir und die Unschuld deines Wesens.

Mangel an Angst zeigt sich am deutlichsten in innerem Frieden.

Denk daran, Vergebung ist nichts, was dein Gewissen erleichtern oder die Wirkung auslöschen soll, die ein Unrecht hervorgerufen hat; Vergebung soll dich vielmehr aus der Anhaftung an den Glauben an Unrecht erlösen und dich deshalb von der Bürde der Vergangenheit befreien.

Alles im Leben ist *für* dich. Nichts und niemand ist jemals gegen dich, nicht einmal die Menschen, die dich zu verletzen scheinen. Vielleicht hilft es dir, das so zu sehen.

Du und die anderen Menschen, die sich in deinem Kreis inkarniert haben, dein Seelen-Stamm, sind wie eine Truppe von Schauspielern in einem Theater, das verschiedene Stücke auf dem Programm hat. Jede Woche spielt ihr eine andere Rolle in einem anderen Drama. In der einen Woche ist es eine Liebesromanze, in der nächsten ein Krimi. In der einen Woche spielst du den Liebhaber, in der nächsten den Schurken, und so weiter. Aber immer ist es nur die Rolle, die ein Schauspieler spielt, damit das Stück sich entfalten kann.

So ist es auch in der Geschichte deiner Inkarnationen. In welcher Rolle auch immer die Menschen dich in ihrem Leben wahrnehmen, es ist immer die Seele, die sich in deinen Körper und deine Persönlichkeit verkleidet hat, um eine Rolle zu spielen, die den anderen hilft, sich selbst durch ihre Reaktion auf dich zu entwickeln, und natürlich helfen auch sie dir dabei, ein bewussteres Wesen zu werden.

Wenn du in deinem jetzigen Leben viel gelitten hast, dann denke nie, das sei so, weil du in einem früheren Leben etwas ganz Schreckliches getan hast. Und selbst wenn du ein Schurke warst, denn einer muss ja der Schurke gewesen sein, dann hast du diese Rolle vielleicht deshalb so perfekt gespielt, weil du jemandem helfen wolltest, Annehmen und Vergebung zu lernen.

Es ist etwas anderes, weise zu lieben oder zu sehr zu lieben. Wenn du zu sehr liebst, sagst du „Ja“ zu jedermann, was heißt, dass du oft „Nein“ zu dir selber sagst. Um weise zu lieben, bist du vielleicht manchmal aufgerufen, jemandem deine Liebe vorzuenthalten und damit gegen alle deine automatischen Reaktionen zu handeln. Das wird dir besonders dann ziemlich Angst machen, wenn dein Impuls zu lieben einer alten Verletzung oder einem Überlebensmechanismus entspringt, denn dann scheint als Folge Kritik oder Ablehnung unvermeidlich. Wenn du dir unsicher bist, ob es angemessen ist, jemandem die Liebe zu geben, nach der er verlangt, oder seine Bedürfnisse zu erfüllen, dann frage dich einfach: „Diene ich dem Höchsten in diesem Menschen, wenn ich auf sein Bedürfnis reagiere?“ oder „Diene ich dem Höchsten in mir, wenn ich ihm diesen Dienst erweise?“

Ihr Lieben, weise zu lieben bedeutet, dass ihr nur dem Höchsten in dem anderen und in euch dienen wollt. Anderen ist nicht damit gedient, wenn du sie, um sie so zu lieben, wie sie es sich wünschen, nur in ihren Ego-Bedürfnissen verwöhnst oder dein eigenes Ego-Bedürfnis, sie zu retten oder für deine Dienste geliebt zu werden, bedienst, denn damit hältst du die Trennung von ihrem wahren Selbst aufrecht.

Wenn die Raupe beschließt, sich zu verpuppen, trifft sie die Entscheidung, Richtung gegen Dimension einzutauschen. Kein Leben des Herumkriechens auf Kohlblättern mehr, um ihren Appetit zu stillen, sie lässt ihr ganzes bisheriges Leben los, gibt alles auf, was sie bis dahin gewesen ist, und begibt sich ins Nichts, bevor sie sich in diese geflügelte Schönheit verwandelt. Vergiss nicht, eine Raupe wird nicht zu einem Schmetterling, eine Raupe wird erst zu einer undefinierbaren schwarzen Matsche, und aus dieser undefinierbaren Matsche entsteht dann der Schmetterling.

Deine Verwandlung könnte ebenso umfassend sein, aber wie lange es dauert und als wie intensiv du es erlebst, hängt davon ab, wie sehr du dich gegen die Veränderungen sträubst und wie sehr du an deinem alten Leben und deinem alten Selbst hängst. Je mehr du in die materielle Welt investiert hast, in die Befriedigung von Gelüsten und Ehrgeiz, den Glauben an deine weltliche Rolle und die Anerkennung durch andere, desto dunkler wird die Nacht der Seele sein, die folgt. Wenn der Ruf deines eigenen Geistes nach Transformation aktiv wird, dann wirst du dich irgendwann sagen hören, „Ich weiß überhaupt nicht mehr, wer ich bin", denn alles, was du bisher brauchtest, um zu wissen, wer du bist, fällt weg, nur um dir etwas unendlich viel Erfüllenderes und dauerhaft Befriedigenderes zu bringen, nämlich den Glauben und das Vertrauen in eine Höhere Macht, die garantiert, dass immer alles gut sein wird.

Zweifle nie daran, dass der Augenblick des Erblühens kommen wird, dass der Augenblick kommen muss, wo du erkennst, wer du wirklich bist, wo dir dein höchstes Potenzial bewusst wird, denn wie könnte sich eine Blume widersetzen, wenn die Wärme und das Licht der Sonne sie zum Erblühen bringen wollen? Du brauchst nicht zu wissen, wann das sein wird, denn das Erblühen findet immer nach Gottes Zeitplan statt. Und ich kann nicht versprechen, dass es ohne Schmerz oder Unbehagen vor sich gehen wird, denn auch bei der Blüte stirbt die Hülle, die sie bis dahin beschützt hat, ab; jede falsche Persona, jeder Glaube an Trennung, jedes Festhalten an der Vergangenheit muss wegfallen, sodass deine Schönheit offenbar werden und der duftende Segen deiner Präsenz in die Welt kommen kann.

Wann immer jemand das unendliche Privileg hatte, vom Meister Jesus geheilt zu werden, war seine erste Reaktion niemals zu verkünden: "Ich kann wieder sehen!" oder „Ich kann wieder gehen!" Das Erste, was ihnen schlagartig klar wurde, war vielmehr: „Mir ist verziehen!" Mit anderen Worten: „Ich bin von der Vergangenheit erlöst, sodass ich jetzt heil sein kann!"

Du wirst merken, dass in deinem Denken und in deinem Körper beachtliche Heilung geschieht, wenn du nicht mehr an Dingen deiner Vergangenheit hängst oder dich damit identifizierst, was du vermeintlich falsch gemacht hast oder dir, wie du meinst, Unrecht geschehen ist. Die Fehlprogrammierungen, die dadurch, dass dein Verstand ein Erlebnis falsch interpretiert hat, auf der Zellebene entstanden sind, lösen sich augenblicklich auf und dein ursprünglicher Zustand der Unschuld ist wiederhergestellt.

Deine Empfindsamkeit ist dein größtes Geschenk an die Welt, auch wenn sie sich manchmal vielleicht anfühlt wie ein Fluch. Aber so sensibel zu sein verlangt von dir, dass du dein Leben entsprechend anpasst, so wie auch jemand mit einer körperlichen Behinderung gewisse Einschränkungen akzeptieren muss. Insbesondere bedeutet es, dass du dir alle Zeit und allen Raum nehmen musst, die du wirklich brauchst. Du musst lernen, dass die Energie bestimmter Menschen und Orte mit deiner Energie nicht kompatibel ist und du sie deshalb meiden musst. Es kann heißen, dass du den „anderen-gefallen-Woller" aufgeben musst, und auch den „Kümmerer" und das „liebe Mädchen" oder den „lieben Jungen" in dir, diese alten Überlebensstrategien, die aufrecht zu erhalten so viel Zeit und Energie kostet. Ganz bestimmt bedeutet es, dass du das Risiko eingehen musst, egoistisch zu wirken, wenn du Entscheidungen triffst, die dem Höchsten Wohl in dir und den anderen dienen, und nicht ihrem Ego. Aber es bedeutet auch, deine Empfindsamkeit nicht als Vorwand dafür zu benutzen, nicht ins Leben hinaus zu gehen und so an deiner Identifikation als empfindsame Person zu hängen, dass du damit letztlich die Leben der Menschen um dich herum kontrollierst. Es bedeutet, dass du dich nicht vor der Welt da draußen schützen musst, die dir bedrohlich und gefährlich erscheint.

Es bedeutet, zu verstehen, dass du nicht verletzlicher wirst, wenn du keinen harten äußeren Ego-Panzer hast, wie ihn die meisten Menschen als Abgrenzung gegen die Härte und Wirrnis des Lebens als selbstverständlich erachten. Denn wenn das Licht leichter durch dich strahlen kann, ist es in sich selbst ein viel besserer Schutz.

Mit der Angst ist es so: Stell dir vor, du gehst eines schönen Tages mit einem kleinen Kind im Wald spazieren. Es ist ein wunderschöner Tag und ein wunderschöner Weg. Da sagt das Kind auf einmal: „Wir können da nicht weitergehen! Da hinten gibt es Dinosaurier und die werden uns fressen!“ Du glaubst nicht an das, was das Kind befürchtet, und lässt dich nicht davon beirren, sondern nimmst das Kind an der Hand, führst es langsam weiter und zeigst ihm, dass da keine Dinosaurier sind.

Eure Ängste, meine Lieben, sind wie diese Angst vor Dinosauriern, und für den Fall, dass ihr es noch nicht wisst: Es gibt keine Dinosaurier mehr. Jetzt wisst ihr also, dass es nichts zu fürchten gibt.

Es ist zwar menschlich, die Trauer darüber, dass man sich nie wirklich gesehen gefühlt hat, damit zu kompensieren, dass man sich das Image von jemand ganz Besonderem erschafft. Der Schmerz jedoch, nie gesehen oder verstanden worden zu sein, bleibt stets bestehen und dein Leben wird sich niemals so entfalten, wie dein Ego es sich wünscht.
Paradoxerweise wirst du erst dann wissen, dass du diesen Schmerz geheilt hast, wenn du mit einem Gefühl tiefer Erleichterung bereit bist zu feiern, dass du dich total gewöhnlich fühlst.

Es gibt keinen Grund, auf die Leute neidisch zu sein, die scheinbar mühelos alles haben können – eine Menge Geld, die perfekte Beziehung, die erfüllende Arbeit, das Aussehen eines Filmstars – denn wo ist da die Notwendigkeit, Glauben zu haben? Ein Leben, das ständig erfordert, sich in Glauben und Vertrauen zu üben, ist ein Leben, das sich ständig in Richtung tieferen Annehmens und tieferer Hingabe entwickelt – und deshalb letztlich in Richtung wahrer Freiheit.

Unerfüllte Sehnsucht erzeugt Hoffnung. Die Hoffnung jedoch hat einen Reisegefährten; sie gehen überall zusammen hin, sind tatsächlich unzertrennlich. Dieser Reisegefährte heißt Hoffnungslosigkeit. Erst führt der eine, dann der andere. Warum traut ihr euch daher nicht, die Hoffnung loszulassen und zu entdecken, dass ein Leben ohne Hoffnung nicht etwa ein hoffnungsloses Leben ist, sondern vielmehr ein Leben voller unendlicher Möglichkeiten, sogar der Möglichkeit, dass sich eure größte Sehnsucht erfüllt?

Wie oft geht es in euren Gesprächen mit Freunden oder euren Selbstgesprächen um das Thema eures Energieniveaus und darum, wie müde ihr seid? Aus unserer Perspektive sehen wir, dass Erschöpfung unter unseren irdischen Freunden regelmäßig immer wieder auftritt. Hier ist nicht der Platz, alle Gründe dafür zu analysieren, aber wohl euch an die einfachste Lösung zu erinnern. Und die hat der Meister Jesus mit jenen bekannten Worten ausgedrückt:

„Kommt zu Mir alle, die ihr mühselig und beladen seid, Ich will euch erquicken." Aber das „Mir" bezieht sich nicht auf den Mann Jesus. Er meinte das „ICH BIN" in Allem, den Geist, der ***du bist***.

Denn wir sehen euch so viel arbeiten: als Produzenten, Regisseure und Stars eurer eigenen Seifenoper, der Story eures Lebens, ganz zu schweigen von den Rollen, die euch in den Biographien der anderen aufgezwungen werden. Wenn du deine tagtäglichen Gedanken und Stimmungen besser verstehen könntest, die deine Sehnsucht nach Freiheit proklamieren, danach, dass du erkennst, dass sich etwas in deinem Leben ändern muss, würdest du sehen, dass du einfach genug davon hast, im Kopf zu leben und aus dem Kopf heraus zu handeln.

Die Ruhe, nach der du dich sehnst, findest du nur, indem du dich nach innen wendest, hin zu dem unveränderlichen Punkt reinen Lichtes, das in deinem Herz-Zentrum wohnt, dem ***wahren*** Du.

Wäre ein Schauspieler dazu verurteilt, jeden wachen Augenblick eine Rolle zu spielen, er würde innerhalb kürzester Zeit ausrufen: „Ich will einfach nur ich sein!", und zwar ganz unabhängig davon, ob er die Rolle eines Heiligen oder eines Sünders, eines Weisen oder eines Narren, eines Clowns oder eines Opfers, eines spirituellen Meisters oder eines Jüngers zu spielen hätte. Tatsächlich sehen wir viele unserer Freunde ihr Leben so leben, als ob sie in einer Rolle steckten, deren Text von Lebenserfahrungen geschrieben wurde: vergangenem Schmerz, vergangenen Freuden, zerbrochenen Träumen, Egobefriedigungen. Die Persona trägt viele Masken und Verkleidungen, um ihre Getrenntheit von der Liebe aufrecht zu erhalten.

Aber Du, das Wahre Du, bist immer hinter diesen Schutzschichten, völlig unberührt von den Erfahrungen deines Lebens. Willenskraft allein ist aber nicht genug, um diese Masken herunterzureißen, denn Willenskraft ist in sich schon eine Gegenreaktion gegen den Schutz und deshalb ein Widerstand. Deine Sehnsucht danach, du selbst zu sein, kann ganz mühelos gestillt werden, einfach indem du deine Aufmerksamkeit auf die Stelle in dir richtest, wo Du immer bist. Das kann nur Seelenfrieden, bringen und wenn wahrer Seelenfrieden herrscht, fängst du an, Du zu sein, denn nur dann ist auch dein Herz frei.

Wenn du einen schlechten Tag hast, versuche, etwas zum Feiern zu finden. Wenn du kannst, finde jeden Tag etwas zum Feiern. Es kann etwas ganz Kleines sein. Und wenn du in deinem eigenen Leben nichts zum Feiern findest, vielleicht findest du dann etwas zum Feiern im Leben eines deiner Lieben. Du wirst merken, dass du immer mehr Gründe zum Feiern findest, je mehr du feierst, bis dir das Leben selbst zu einem Fest wird.

Feiere, indem du eine Kerze anzündest, mit einem Gebet des Dankes und Lobpreises auf den Lippen.

Feiere, indem du dir selbst etwas Gutes tust.

Feiere, indem du jemand anderem etwas Gutes tust.

Feiere, indem du dich nach innen wendest, um der Quelle alles Guten und aller Freude in deinem eigenen Herzen zu begegnen.

Und wenn du die Garantie haben willst, dass ich in deinem Leben gegenwärtig bin, gibt es keinen besseren Weg als zu feiern. Ich lasse nie ein Fest aus!

In Momenten, wo du den Eindruck hast, mehr kannst du jetzt nicht aushalten, in Momenten, wo das Leben einfach zu schmerzhaft ist, um weiterzumachen, dann denk an die, deren Beruf es ist, in den Tiefen des Ozeans nach Perlen zu tauchen. Jedes Mal, wenn sie so tief hinunter tauchen, müssen sie auf die Probe stellen, wie lange sie die Luft anhalten können, bis zu dem Punkt, wo es sich anfühlt, als ob ihre Lungen gleich platzen und sie ertrinken müssten.

So tief in deine Verzweiflung einzutauchen, muss nicht sinnlos sein. Deine Seele begleitet dich in diese Tiefen und lässt dich nicht los, lässt nicht zu, dass du in deinen Tränen ertrinkst. Wenn du darauf wirklich vertrauen und dich der Erfahrung ganz und gar hingeben kannst, ohne Angst um dein Leben zu bekommen, wirst du mit einem unbezahlbaren Juwel belohnt. Jedes Mal, wenn du durch solchen Schmerz hindurchgehst und die Erfahrung machst, dass du immer in Göttlicher Sicherheit bist, wächst an der Stelle, wo vorher nur Angst und Widerstand war, Vertrauen und Mut. Dir wird klar, dass in die Tiefen zu tauchen genauso zum Leben gehört wie dich in die Höhen zu schwingen oder wie das Gefühl von Flaute auf stiller See.

Das nächste Mal, wenn du so verzweifelt bist und jemand dich fragt, wie es dir geht, kannst du also einfach antworten: „Ich tauche gerade nach Perlen."

Wenn du glaubst, du müsstest zuerst deine sogenannten „negativen“ Gefühle loswerden, bevor du erleuchtet sein kannst, dann ist das, als ob du sagst, du musst erst die Wolken wegblasen, bevor die Sonne auf dich scheinen kann. Falls du das noch nicht selber gemerkt hast: Beides braucht viel Zeit und Energie und führt oft zu nichts.

Es bringt nichts, eine Emotion als „negativ“ zu bezeichnen. Diese Bezeichnung bewirkt nur, dass sie dich noch stärker im Griff hat, ungefähr wie wenn du eine Muschel von einem Felsen entfernen willst. Sie klammert sich nur noch stärker an. Egal ob du wütend bist oder voller Hass oder Traurigkeit, sieh diese Emotionen einfach als das, was sie sind: E-motionen, Energie in Bewegung, so wie wenn der Wind durch Bäume streicht. Dann schwingen die Äste und die Blätter rascheln, bis der Wind sich legt und alles wieder still wird. Und Energie in Bewegung ist viel besser als wenn sie sich nicht bewegt, denn dann ist sie eine Energieblockade, die vielleicht zu körperlichen und emotionalen Problemen führt.

Wir verurteilen dich natürlich nie für irgendwelche Emotionen, denn sie gehören zum Menschsein dazu, und alles, was ihr über bewusstes Entscheiden lernt, indem ihr es nach und nach schafft, mit euren Gefühlen zu leben, ist für uns ein Grund zum Feiern.

Und wenn du frei davon sein möchtest, dann denk an die Sonne, von der alles Leben abhängt. Du weißt, dass sie irgendwann immer durch die Wolken bricht. Wenn du also immer weiter die Kosmische Sonne, die Christusliebe, die in alle Ewigkeit in dir und aller Schöpfung strahlt, anerkennst und reflektierst, wird sie durch die Wolken von Angst und Traurigkeit und allem anderen brechen, was die Illusion nährt, du könntest jemals getrennt sein von dem Zustand, den du Erleuchtung nennst.

Ich kann nicht umhin zu bemerken, dass das Mitgefühl in der Welt proportional dazu abnimmt, je mehr Menschen glauben, dass jeder der Schöpfer seiner eigenen Realität ist. Wenn du auch dazu neigst, das zu glauben, dann ist es vielleicht eine gute Idee, einmal darüber nachzudenken, was für eine Art von Realität wohl in deinem Herzen und deiner Seele durch diese Haltung dem Leid anderer Leute gegenüber entsteht. Und nimm dir vielleicht auch gleich noch Zeit, darüber nachzudenken, welche Realität du durch ein mitfühlendes Leben für dich und andere erschaffen kannst.

Es ist wahrhaftig eine sehr seltene Berufung, wenn jemand sich dazu hingezogen fühlt, Spion zu werden. Denn was das im Extrem-Fall bedeutet, ist, dass seine Sicherheit davon abhängt, eine vollkommen falsche Identität zu wahren. Stell dir vor, wie stressig es sein muss, immer so tun zu müssen, als sei man jemand anderer, und wie vorsichtig sie sein müssen, nicht das kleinste Stückchen Maske fallen zu lassen, um nicht erkannt zu werden!

Und doch, meine Lieben, falls ihr nicht schon ganz sicher wisst, wer ihr selber in Wirklichkeit seid, geht ihr wahrscheinlich mit genau so einer falschen Identität durch's Leben, weil euer Ego euch davon überzeugt hat, dass die Maske fallen zu lassen und euer wahres Selbst zu zeigen, euren sicheren Tod bedeutet.

Der Tod droht aber natürlich nur dem Ego, das bis zum Äußersten gehen wird, um die Kontrolle zu behalten. Wie der allerschlimmste Kontrollfreak wird es alles nur Erdenkliche tun, um dich zu überzeugen, dass dein Leben von ihm abhängt und dass du ohne das Ego nichts bist.

In Wahrheit ist natürlich das Gegenteil der Fall. Ohne das Ego bist du alles. Du bist eins mit allem und jedem. Gleichzeitig bist du ohne das Ego das echte und einzige Du und musst dich deshalb nicht davor fürchten, dich in nichts aufzulösen und deine ganze Identität an das kollektive Bewusstsein all dessen, was ist, zu verlieren.

Das ist eines der größten Paradoxe auf dem Weg zur Erleuchtung, dass dein wahres Selbst, indem es deine Ego-

Identität, dein getrenntes Ich, aufgibt, indem es sich als eins mit allem erfährt, sogar noch ausgeprägter und klarer wird.

So traurig es für den Menschen ist, aber manchmal muss das Herz durchbohrt werden, damit der Saft der Universalen Liebe fließen kann. Sogar ein gebrochenes Herz kannst du als Gnade betrachten, wenn durch jede Träne, die aus Schmerz oder Kummer vergossen wurde, ein Tropfen mehr Mitgefühl entsteht.

Aber selbst wenn du für eine Weile im Sumpf des Selbstmitleids versinken solltest, vergiss zum Einen nicht, dass du ein Mensch bist, und sei dir zweitens *bewusst,* dass du in Selbstmitleid schwelgst. Dann wird dieser Sumpf nur wie ein Filter wirken, durch den der Schmerz zu einem Reservoir an noch tieferem und reinerem Mitgefühl wird.

Wenn du an das Gesetz der Anziehung denkst, dann normalerweise, um dir zu überlegen, wie du mit seiner Hilfe etwas in dein Leben ziehen kannst, das du haben möchtest; mit anderen Worten, es dient deinem Habenwollen, deinem Hunger nach mehr. Daran ist überhaupt nichts verkehrt. Du musst dir nur über Eines im Klaren sein, nämlich dass das Gesetz der Anziehung an dem Punkt, wo deine Sehnsucht nach spirituellem Erwachen größer wird als dein Wunsch, irgendetwas zu besitzen, andersherum zu wirken beginnt. Dann trittst du in den Prozess des Loslassens ein und begibst dich auf die Reise in die Freiheit, die Freiheit, an nichts zu hängen und dir nichts zu wünschen außer der Wahrheit.

Dieses Loslassen kann groß sein oder klein. Manchmal empfindest du einen natürlichen Drang, deine Schränke und Bücherregale auszuräumen; manchmal sieht es aus, als würdest du durch eine unerwartete Veränderung deiner Lebensumstände zum Loslassen gezwungen, und der illusionäre Teppich der materiellen Sicherheit wird dir unter den Füßen weggezogen. Manchmal breitet sich auch ein tief inneres Wissen aus und eine sanfte, aber unablässige Bewegung trägt dich vorwärts, bis du deine Erfahrungen auf Erden ganz neu definierst. Wie immer das bei dir aussieht, lass es geschehen, denn es ist gut.

Nach und nach wirst du zu der Erkenntnis gelangen, dass alle Dinge, die du dir angeschafft hast, alles, woran du hängst, weil du es als Unterstützung für dein Ego brauchst, für dein Glück so wenig Bedeutung hat, wie die Elster für ihr Wohlbefinden das gestohlene Glitzerzeug braucht, das sie in ihrem Nest hortet.

Du kennst vielleicht die Weisheit der Indianer, die da lautet: „Möge ich keinen Menschen verurteilen, bevor ich nicht zwei Monate in seinen Mokassins gelaufen bin."

Wenn du das Privileg hättest, zwei Monate lang in den Schuhen eines anderen zu gehen, wenn du mit anderen Worten in seine Haut schlüpfen könntest, würdest du eine Menge über ihn entdecken. Du würdest dir bewusst werden, welche Umstände sein Leben geformt haben. Du würdest seine Ängste spüren. Du würdest seine höchste und tiefste Sehnsucht kennen. Du würdest seine Schuld fühlen und seine Scham. Du würdest erleben, wie viel oder wie wenig Liebe es in seinem Leben gegeben hat. Du würdest um das Leid wissen, das er still getragen hat und das ihm der Rest der Welt niemals als Verdienst anrechnen würde, und um den Mut, mit dem er sich schwierigen Situationen gestellt hat. Du wüsstest vielleicht von all den kleinen Gelegenheiten, wo er sich liebevoll und freundlich verhalten hat, wiederum ohne dass irgendjemand etwas davon wusste. Vielleicht wüsstest du sogar etwas über seine vergangenen Leben. Und, mein Liebes, wenn er dich kennen würde, sähest du dich selbst vielleicht durch seine Augen; das könnte ein ziemlicher Schock für dich sein und dich sehr bescheiden machen.

Ich bin sicher, du wärst glücklich, nach diesen zwei Monaten wieder in deine eigenen Schuhe zu schlüpfen, und du hättest durch diese Erfahrung viel mehr Mitgefühl mit dir selbst bekommen. Ich hoffe auch, du würdest mit noch einer weiteren wesentlichen Eigenschaft in deine eigenen Schuhe zurückkehren, nämlich mit Demut. Zusammen mit Mitgefühl und Freundlichkeit muss Demut der Fels sein, auf dem deine Spiritualität gebaut ist.

Und wenn du nur widerwillig in deine eigenen Schuhe zurückkehrst, dann bete darum, dass du den Mut hast, auszuharren und die Lektionen zu lernen, die dir deine Lebensumstände gebracht haben.

Den ultimativen Schutz vor jedwedem negativen oder schädlichen Einfluss erreichst du nicht durch irgendwelche Techniken oder Übungen, sondern nur durch die Ausstrahlung deines furchtlosen Herzens. Lege einen Eiswürfel in die Sonne und du weißt, was ich meine.

Oder denk daran, wie etwas, das aus dem äußeren Raum kommt, verglüht, wenn es mit der Erdatmosphäre in Berührung kommt. So ist es auch mit der Ausstrahlung deines furchtlosen Herzens: Jeder und alles außerhalb von dir, was dir andernfalls schaden könnte, wird im Kontakt mit dieser Liebe neutralisiert.

Was immer deine größten Ängste sind, stell dir vor, sie sind wahr geworden. Stell dir vor, mit der Realität zu leben, vor der dir am meisten graut, und du wirst merken, dass das Leben gar nicht so schlimm ist, wie du dachtest, dass du noch immer lebst und liebst und geliebt wirst. Und ich hoffe, du wirst entdecken, dass nichts, aber auch gar nichts, dich jemals von der Liebe Gottes trennen kann.

Oberflächlich betrachtet hatte der Junge David gegen den Riesen Goliath, so groß und stark wie er war, nicht die geringste Chance. Und doch brachte er den mächtigen Riesen mit einem perfekt gezielten Stein aus seiner Schleuder zu Fall und tötete ihn.

Du fühlst dich vielleicht auch manchmal machtlos, wenn du dir die Mächte, die in deinem Leben wirken und deine Freiheit einschränken, anschaust – ein David gegenüber dem Goliath der Ego-gesteuerten Welt, die die falschen Götter von Geld und Macht und rationalem Denken anbetet.

Aber denk an David und wie meisterhaft er mit seiner Schleuder umgehen konnte. Sie war beinahe eine Verlängerung seiner selbst. Wenn du und zahllose andere wie du dieselbe Beziehung zur Quelle hätten wie David zu seiner Schleuder, dann wären angesichts der vereinten Macht eurer Präsenz jene, die die größten Illusionen von Macht beherrschen – wie etwa die, die ihr als Illuminati oder Geheime Regierung bezeichnet – wie Stroh im Wind.

Liebe Freunde, haltet ihr es nicht für eine merkwürdige Ironie, dass der Mann, der im Christentum am tiefsten verachtet wird, derjenige ist, dessen Tat das Ereignis in Jesu Leben ins Rollen brachte, auf dem die Christenheit ihre Überzeugung Seiner Göttlichkeit aufbaut – seine Auferstehung? In eurer modernen Welt ist jeder, der als Verräter gilt, automatisch schlecht angesehen und wird für sein Tun verurteilt. Und doch zeigt das Beispiel von Judas Ischariot, der von Jesus nicht nur dafür auserwählt wurde, diese wesentliche Rolle in seinem Schicksal zu übernehmen, sondern dem er auch schon im Voraus verzieh, dass man den Verräter auch anders sehen kann.

Für die Gerechtigkeitsfanatiker oder auch einfach die, die einen Feind, einen Sündenbock brauchen, auf den sie die Verantwortung für das, was in der Welt schief läuft, projizieren können, ist die zeitgenössische Version von Judas wahrscheinlich die Pharmakonzerne, die Menschenschleuser, die Waffenhändler oder die, die ihr gern als Illuminati bezeichnet. Übrigens haben die sehr wenig Illuminiertes an sich, ebensowenig wie die anderen Beispiele, die ich genannt habe. Und doch kann man sie und alle anderen eurer bevorzugten „Bösewichter", wenn man sich dazu entscheidet, kollektiv als wesentliche Faktoren für die Entwicklung des Ganzen betrachten.

Beziehungen

Ihr habt euch eure Eltern nicht ausgesucht, weil ihr annahmt, sie würden die ersten Eltern in der Geschichte der Menschheit sein, die alles richtig machen. Ihr habt sie gewählt, weil sie genau die richtigen Eltern für euch in diesem Leben waren.

Daraus folgt natürlich, dass auch eure Kinder euch nicht gewählt haben, weil sie annahmen, ihr würdet die ersten vollkommenen Eltern in der Geschichte der Menschheit sein, sondern weil all die Herausforderungen, Einflüsse und Erbfaktoren, die mit dieser Wahl einhergehen, genau die richtigen Rohmaterialien bieten, die sie brauchen, um zu lernen, was zu lernen sie hergekommen sind, und um bewusstere Menschen zu werden, wenn sie sich denn dafür entscheiden.

Natürlich hoffen und beten alle Eltern, dass die Entscheidungen, die sie manchmal treffen müssen, um auf ihrem eigenen Weg voranzukommen, sich nicht abträglich auf das Leben ihrer Kinder auswirken werden. Wir sehen jetzt viele Familien, die entweder aus Gründen, über die sie keine Kontrolle haben, ihre Lebensumstände drastisch ändern müssen oder die einen inneren Ruf hören, ihr Leben zu ändern und das Verlangen ihres Herzens und ihrer Seele zu erfüllen. Besonders im letzten Fall mag es euch selbstsüchtig vorkommen, das wirklich zu tun und damit das Leben eurer Kinder einschneidend zu ändern.

Aber, liebe Freunde, betrachtet es einmal so. Wie werdet ihr euren Kindern das beste Vorbild sein können? Wenn ihr um ihretwillen im Gefängnis der Konventionen verharrt und euch und ihnen die glücklichere und erfülltere Person vorenthaltet, die ihr auf jeden Fall werden würdet?

In der Welt, in der ihr jetzt lebt, und den geringen Zukunftsaussichten, die ihr habt, scheint es Sinn zu machen, das Boot nicht zum Kentern zu bringen, bis die Kinder ausgeflogen sind und ihr eigenes Leben leben. Und doch muss ich euch daran erinnern, dass die Ruhelosigkeit und der Drang nach Veränderung, den viele von euch jetzt spüren, ein wenig der Reaktion von Tieren auf ein bevorstehendes Erdbeben gleicht. Sie drängen auf sichereres Land. Und der Drang, euer Leben zu vereinfachen und mehr in Harmonie mit eurer inneren Wahrheit zu leben, wird euren Kindern später ein viel nachhaltigeres und nützlicheres Beispiel dafür geben, wie gut es ist, seinem Herzen zu folgen und sich selber treu zu bleiben, weil daraus so viel mehr Freude und Sicherheit erwachsen, als wenn man sich in einem System versklavt, das bereits erkennen lässt, dass es nicht mehr allzu lange halten wird.

Es gibt nicht eine einzige Seele auf Erden, die sich extra dafür inkarniert hat, dir Schaden zuzufügen, sondern jede Seele ist *für* dich, *für* dein Wachstum und letztlich *für* deine Freiheit. Man könnte also sagen, jede Seele ist dein Seelenpartner.

Das hört sich vielleicht merkwürdig an, wenn – wie es so oft vorkommt – der Geliebte, auf den du die romantische Vorstellung eines Seelenpartners projiziert hast, dich am Ende verletzt. Das will nicht heißen, dass du damit falsch liegst. Du hast nur übersehen, dass eine Seele, die dich so sehr liebt, nur den einen Wunsch hat, nämlich dass du dich weiterentwickelst. Um diese Aufgabe zu erfüllen, muss diese Seele manchmal die sein, die dir den größten Schmerz zufügt, sodass der Schmerz nur dadurch geheilt werden kann, dass du deiner wahren Identität und der Einheit mit der Quelle näher kommst.

Denk immer daran, dass an einer Beziehung zwischen zwei Menschen vier Elemente beteiligt sind. Es gibt das „Er" und das „Sie" (oder das „Er" und das „Er" oder das „Sie" und das „Sie"; dem Geist sind die Geschlechterkombinationen egal), und es gibt das ICH BIN in beiden.

Es hilft, sich daran zu erinnern, wenn man einen Streit mit seinem Partner hat oder ihn gerade kritisch beäugt. Um also zu verhindern, dass die Auseinandersetzung zu persönlich wird, könntest du beispielsweise sagen: „Er mag es nicht, wenn sie das tut, aber Ich liebe dich."

Ihr Lieben, stellt euch vor, wie es wäre, bei einem zutiefst deprimierten oder schwer leidenden Freund zu sitzen und weder eine Zunge zum Sprechen, noch Arme zu haben, mit denen ihr ihn halten könnt. Eure spontane Reaktion, ihm einen Rat zu geben und ihn zu umarmen, wäre nicht möglich. Wenn das bis zu diesem Augenblick die einzige Art für dich wäre, Liebe auszudrücken, dann wärst du jetzt zweifellos frustriert. Aber es bräuchte nur einen Moment, um die Frustration gehen zu lassen und stattdessen diese scheinbare Einschränkung anzunehmen, und schon würde sich dir eine viel tiefere Möglichkeit erschließen, dein Mitgefühl und deine Liebe zum Ausdruck zu bringen. Dann würden deine Augen eine neue Tiefe annehmen, denn deine Seele wäre frei, ***sich selbst*** auszudrücken, ohne die Beschränkung und Schwerfälligkeit von Worten. Und zweitens könnte dein Herz weiter aufspringen als je zuvor und seine heilende Kraft entfesseln.

Das ist, was es heißt, dem anderen Raum zu geben; was es heißt, ihn wirklich zu halten, – in der Energie reiner Liebe, die aus dir strahlt und ihn in der süßesten und heilendsten Umarmung hält, die es gibt.

Wenn ihr oft schlecht gelaunt seid und das Gefühl habt, ihr würdet ständig streiten, dann fragt euch, anstatt euch gegenseitig die Schuld zuzuschieben oder eine Beendigung der Beziehung in Betracht zu ziehen, ob ihr nicht vielleicht mehr Raum braucht.

Es ist ein bisschen so, wie wenn zwei Pflanzen in einem Topf wachsen; mit der Zeit wird die Erde nicht genug Nährstoffe für beide Pflanzen enthalten. Sie werden in dem kleinen Topf nicht beide zu ihrer vollen Größe heranwachsen können, und die Wurzeln werden sich miteinander verstricken. Beide kämpfen darum, auf dem engen Raum zu überleben. Aber wenn ihr beiden Pflanzen ihren eigenen Topf gebt, mit jeweils der richtigen Erde für jede Pflanze, dann können sie beide wachsen und gedeihen.

Wenn sie dann nebeneinander stehen, können sie zusammen wachsen und es sieht vielleicht so aus, als seien sie eine Pflanze, wenn sich die Zweige berühren. Aber es gibt auch die Zweige, die in die andere Richtung wachsen und aus dem umgebenden Raum dort das hereinziehen, was sie brauchen. Gesunde Beziehungen brauchen dasselbe. Wir verstehen, dass es Mut erfordert, deinem Partner zu sagen, dass du mehr Raum brauchst; du befürchtest, dass er sich vielleicht abgelehnt fühlt. Und das süßeste Geschenk, das du deiner Partnerin machen kannst, ist, ihr all den Raum zuzugestehen, den sie braucht, ohne zu befürchten, dass sie nicht zurückkommt oder dass ihr Bedürfnis nach mehr Raum bedeutet, dass sie dich nicht liebt.

Wenn du jemanden triffst, zu dem du dich hingezogen fühlst, willst du natürlich einen guten Eindruck machen. Aber während du und das Objekt deiner Begierde noch die Riten der ersten Annäherung zelebrieren, strahlt und blinkt in eurer Aura bereits die Leuchtreklame eures Unterbewusstseins. Da steht zum Beispiel: „Lehne mich ab! Ich brauche den Beweis, dass ich nicht liebenswert bin!" oder „Ich bin ein Kontrollfreak und suche ein williges Opfer!" Bevor ihr überhaupt noch dazu kommt, euch über euren jeweiligen Musikgeschmack zu unterhalten, habt ihr, du und deine zukünftige Freundin, euch bereits gegenseitig eine detaillierte Aufstellung all eurer roten Knöpfe ausgehändigt, die ihr jetzt ein Leben lang füreinander drücken könnt – oder so lange, bis einer von euch aufwacht.

Der Zeitpunkt, wo ihr zugeben könnt, dass ihr wirklich füreinander geschaffen seid, ist gekommen, wenn euch klar wird, dass die wahre Grundlage eurer Beziehung darin liegt, wie vollkommen sich eure unbewussten Muster ergänzen, und was für ein wunderbares Geschenk ihr füreinander seid, wenn ihr sie gemeinsam heilen könnt.

Wenn dich jemand verletzt, dann ist das seine Art zu sagen: „Au, mir tut etwas weh, bitte liebe mich!“ Anstatt es persönlich zu nehmen und ihn zur Strafe auch zu verletzen, ist die weiseste Reaktion, einfach zu sagen: „Ich liebe dich.“ Das ist das Letzte, was sein Ego hören will, weil er ja schon glaubt, dass er verkehrt und nicht liebenswert ist. Aber wenn du dabei bleibst, egal, wie sehr er protestiert oder wie wütend er wird, wirst du nach und nach die Mauer durchdringen, die das Ego errichtet hat, um ihn im Schmerz seiner Verletzung und Scham gefangenzuhalten.

Wenn du versuchst, dem Menschen, den du liebst, unbedingt das Etikett „mein Seelenpartner“ aufzuzwingen, wirst du wahrscheinlich enttäuscht. Eine solche Bezeichnung kann sich so sehr mit unrealistischen Erwartungen aufladen, dass kein Mensch sie erfüllen kann. Suche lieber nur nach einem Partner, der gerade zu diesem Zeitpunkt die richtige Seele für dich ist. Wenn es tatsächlich dein Seelenplan ist, in diesem Leben deiner anderen Hälfte zu begegnen, dann brauchst du vielleicht Erfahrung mit anderen Partnern, um dich darauf vorzubereiten. Selbst dann ist es gut, dich daran zu erinnern, dass das höchste Ziel und das Geschenk einer Begegnung von Seelenpartnern nicht ist, dass ihr euch ineinander verliert, sondern dass ihr euch gegenseitig frei lasst, das Selbst in der Einheit mit dem Göttlichen zu finden.

Wenn du ein starkes Verlangen und eine große Sehnsucht nach jemandem hast, der dich liebt, dann ist es so, als würdest du einen starken Wasserstrahl auf ihn richten und ihn dann bitten, näher zu kommen. Bedürftigkeit kann denselben Effekt haben. In beiden Fällen hält die Macht der Sehnsucht das Objekt der Begierde fern, und die unbewusste Angst vor Nähe oder die unbewusste Überzeugung, nicht liebenswert zu sein, bleiben unversehrt erhalten. Man muss das Muster der unerfüllten Sehnsucht also als einen Abwehrmechanismus sehen, der dich davor schützen soll, später womöglich zurückgestoßen zu werden, und der einen negativen Glaubenssatz über dich selbst bestätigt.

Wenn du jemanden wissen lassen willst, dass du ihn wirklich liebst, wirst du ihn nicht überzeugen, indem du ihn bloß mit Geschenken überhäufst. Er wird wissen, dass du ihn liebst, weil du seine Liebe bedingungslos annimmst.

Du wirst mich vielleicht den letzten großen Unromantiker nennen, aber wenn ihr euch auf den Weg der Selbsterkenntnis begebt, dann müsst ihr akzeptieren, dass persönliche Beziehungen eine ganz neue Dimension annehmen. Anstatt eine Zuflucht vor den „harten" Realitäten des Lebens zu bieten, etwa so wie die Ferien zwischen zwei Schuljahren, werden sie zu einem Workshop.

Das heißt nicht, dass jetzt der ganze Spaß dahin ist. Es ist eindeutig erlaubt und sogar wünschenswert, wenn ihr euch manchmal ganz bewusst entscheidet, einen Abend oder ein Wochenende in tiefster gegenseitiger Abhängigkeit zu verbringen. Das könnte sich dann so anhören:

„Was machen wir dieses Wochenende? Ich hab's satt, spirituell zu sein." „Ja ich weiß, dann lass uns mal wieder unbewusst und ganz voneinander abhängig sein!"

Wenn ihr das beschließt, dann macht ein richtiges Fest daraus. Mariniert eure Egos in gegenseitigem Schwelgen in all euren Mustern, so lange, bis ihr satt seid und euch wieder nach Luft sehnt.

Tut es ganz bewusst und übernehmt die volle Verantwortung für alles, was dazugehört, auch wenn das vielleicht heißt, dass euer kuscheliges Abhängigkeitswochenende in einem geharnischten Streit endet. Dann können „er" und „sie" erschöpft von der Bühne wanken, und das ICH BIN in beiden setzt eure Reise fort.

Dass du den höchsten Ausdruck von Liebe erreicht hast, erkennst du daran, dass es keinen Sinn mehr macht, jemandem zu sagen: „Ich liebe dich." Dir wird klar, dass du, wenn du „Ich liebe dich" sagst, den anderen zum Objekt machst und ihn als von dir getrennt siehst und nicht so, wie du es jetzt immer mehr erlebst, nämlich, dass es in der Liebe keine Getrenntheit und keinen „anderen" gibt.

Vielleicht ist es an der Zeit, dich zu fragen, ob es noch deine Wahrheit ist, wenn du jemandem sagst, dass du ihn liebst, oder ob du es aus Gewohnheit tust oder einfach, um dem anderen eine Freude zu machen. Oder hast du diese höchste Ebene der Liebe erreicht, ohne es zu merken?

Das kann natürlich Auswirkungen auf den anderen haben, der es vielleicht noch braucht, in Worten gesagt zu bekommen, dass du ihn noch liebst. Manchmal wird die Reinheit und Bedingungslosigkeit dieser Liebe dem anderen auch zu viel und er kann sie nicht annehmen. Das muss aber sein Problem bleiben.

Für dich bedeutet es nur, dass du dir erlaubst, dich ganz und gar in diese neue Liebesschwingung hinein auszuweiten und zu erkennen, dass du niemals mehr jemanden zu vermissen brauchst.

Eines der kostbarsten Geschenke, das du jemandem machen kannst, ist die Chance, dir etwas geben zu können. Eines der kostbarsten Geschenke, das du dir selbst machen kannst, ist zu erkennen, dass es gleichermaßen Freude macht, zu geben wie zu empfangen.

Wir sehen viele unserer Freunde sehr darunter leiden, dass sie in einer Familie leben, in der sie sich nicht gesehen und nicht verstanden fühlen. Sie haben das Gefühl, das schwarze Schaf zu sein oder zumindest so behandelt zu werden.

Wir verstehen natürlich, dass sich ein Mensch von Natur aus wünscht und erwartet, gerade von den Menschen bedingungslos angenommen zu werden, denen seine Seele die Verantwortung für ihre tiefsten emotionalen und körperlichen Bedürfnisse anvertraut hat; aber viele meiner Freunde, die sich so ausgestoßen fühlen, müssen einfach akzeptieren, dass sie Teil einer Evolution sind, die, was Bewusstheit und Verständnis angeht, zwischen ihnen und den anderen Familienmitgliedern einen Abgrund schaffen kann. Ihr seid nicht nur altersmäßig eine andere Generation, mit allem, was das oft an unterschiedlichen Standpunkten mit sich bringt, sondern ihr seid auch spirituell eine andere Generation.

Ihr Lieben, es gab eine Zeit vor Tausenden von Jahren, wo das menschliche Sehen sich den Pastelltönen noch nicht geöffnet hatte und in der Kunst nur primäre Farben benutzt wurden. Man kann die Höhlenbewohner deswegen nicht tadeln. Daher bitten wir euch, es denen, die noch nicht die spirituelle Vision entwickelt haben, nicht zu verübeln, dass sie euch, wer immer ihr seid, in eurer feineren Sensitivität nicht wahrnehmen können.

Eure wahre Natur, als Teil eurer Generation des Geistes, versteht das. Das innere Kind mit all seinen unerfüllten

Bedürfnissen jedoch lehnt sich gegen diese ungerechte und herzlose Haltung auf. Aber die Reaktionen des inneren Kindes werden die Situation nicht ändern. Doch wenn ihr euch an eurer wahren Natur ausrichtet, ändert sich die Lage, zumindest für euch. Auf jeden Fall wird sich euer verkrampftes Herz wieder entspannen und öffnen. Das Beste, was dadurch vielleicht geschieht, ist, dass ihr die Wahrheit seht, nämlich dass diese Menschen ihr Bestes tun, jemanden zu lieben, den sie nicht verstehen. Sie lieben dich trotzdem.

Ich möchte euch bitten, einmal darüber nachzudenken, was dieser Ausdruck „Liebe machen", den ihr verwendet, wirklich bedeutet. Wenn zwei Menschen, egal in welcher Kombination von Geschlechtern, die sich zutiefst lieben und in ihrem Herzen und ihrer Seele miteinander in Einklang sind, beschließen, diese Liebe sexuell zum Ausdruck zu bringen, dann tun sie genau das: Sie machen Liebe, sie werden zu einer Liebesfabrik. Und wenn ihre Energien sich vermischen, und besonders im Augenblick des Höhepunkts, wird Liebe in den Kosmos geschickt, wie eine Rosenblüte ihren Duft in die Luft schickt, die du atmest.

Heute, zu einer Zeit, wo in eurer Welt so viel Liebe gebraucht wird, ist die Liebe, die sexuell zwischen zwei Menschen – egal in welcher Geschlechterkombination – zum Ausdruck kommt, für eure Welt ebenso kostbar wie jedes Kind, das aus einer solchen Vereinigung entstehen könnte, wenn die beiden bewusst die Frucht ihrer Vereinigung dem Wohl des Ganzen darbringen. Sie soll gefeiert werden, nicht gefürchtet oder verurteilt. Liebe ist immer gut.

Es kann euch weh tun und verwirren, wenn eine enge Freundschaft plötzlich und schmerzhaft endet. Wir möchten euch aber versichern, dass in Wahrheit – auch wenn es sich für euch vielleicht anders anfühlt – nichts schiefgelaufen ist und dass, auch wenn ihr euch gegenseitig vielleicht anklagt und verurteilt, keiner etwas falsch gemacht hat.

Es kann manchmal so sein, dass das Höhere Selbst des Einen mit dem Höheren Selbst des anderen die geheime Absprache trifft, eine Stange Dynamit in die Freundschaft zu werfen und sie auseinander zu sprengen. Vielleicht deshalb, weil, den Freunden völlig unbewusst, die Verbindung, die sich so sicher und vertraut anfühlt und so eine große Hilfe im Leben zu sein scheint, ihren Zweck schon erfüllt hat und die Gefahr besteht, dass sie beide Beteiligten in ihrem Wachstum behindert.

Ihr Lieben, ihr müsst wissen, das Komfortzonen nicht dazu beitragen, dass man wach wird.

Es kann auch sein, dass sich einer oder beide Freunde aus Angst, den anderen zu verletzen, nicht getraut hat, sein Bedürfnis nach mehr Raum zum Ausdruck zu bringen, oder sich nicht ganz bewusst ist, dass er ein solches Bedürfnis hat, und so unbewusst seine eigene Bombe für die Freundschaft gelegt hat.

In beiden Fällen heißt die Lektion zu erkennen und zu akzeptieren, dass auch die engste Beziehung vergänglich ist, in Freiheit zu lieben und nichts persönlich zu nehmen.

Wenn wir das Bild eines Baumes benutzen, nehmen wir zum Beispiel eine riesige Eiche, dann ist der wichtigste Teil des Baumes der Stamm, der fest in der Erde verwurzelt ist und sich ins Licht hinauf reckt. Und dann sind da die Zweige des Baumes, die immer zahlreicher werden, je höher der Stamm hinaufwächst, und deren Kraft und Fruchtbarkeit davon abhängt, wie stark der Stamm ist und wie viel Licht sie bekommen. In unserem Bild stehen die Zweige für alles, was mit eurer Beziehung zur äußeren Welt zu tun hat: Freundschaften, Arbeit, Gesundheit, Familie. Wenn der Stamm höher wächst, leiden manchmal die unteren Zweige, können keine Früchte tragen und sterben ab. Und wenn der Baum dein Zuhause wäre, dann ist es vielleicht manchmal angebracht, nicht ständig von Ast zu Ast zu hüpfen, sondern dich einfach an den Stamm zu lehnen und seine vollkommene Ausrichtung zwischen Himmel und Erde zu spüren.

Keine Freundschaft oder Beziehung kann die zutiefst bereichernde, heilende, großzügige und bedingungslos gebende Verbundenheit mit der Quelle ersetzen. Beginne damit und dann warte einfach ab. Wie der Meister Jesus sagte: „Trachte zuerst nach dem Reich Gottes, und alles andere wird dir hinzugegeben.“

Für manche ist eine Beziehung der Stamm des Baumes. Für manche ist sie ein Zweig.

Wenn sie ein Zweig ist, dann muss euch klar sein, dass eure Beziehung nur insoweit gesund und fruchtbar ist, als es eure wichtigste Beziehung, nämlich die zur Quelle ist, – und nicht miteinander. Dies ist eine Erkenntnis, die euch normalerweise irgendwann im Laufe eures persönlichen Wachstums kommt und sie ist ein Zeichen für ein vertieftes Verständnis davon, was es bedeutet, in Freiheit zu lieben. Dann liebt ihr den anderen einfach, weil er zum Lieben da ist, und nicht, weil ihr seine Gegenliebe braucht, und umgekehrt.

Wenn für dich die Beziehung der Stamm des Baumes ist und dein Glück und dein Selbstgefühl ausschließlich auf dem beruht, was die Beziehung dir bringt, dann musst du darauf gefasst sein, dass ein Ende der Beziehung unweigerlich alle Zweige des Baumes in Mitleidenschaft zieht. Jeder Aspekt deines Lebens wird darunter leiden.

Wie auch immer deine Sichtweise, das Wichtigste ist, dass der Mensch, mit dem du in einer Beziehung bist, sie teilt.

Tod und Sterben

Wenn du dich erinnern könntest, wie es war, geboren zu werden, dann wüsstest du, dass Sterben dagegen ein Klacks ist.

Wenn die Zeit gekommen ist und du deinen physischen Körper verlässt, ist eine deiner ersten Reaktionen beim Heimkommen vielleicht: „Gott sei Dank, mein Kopf denkt nicht mehr!“ Die zweite könnte sein:“ Gott sei Dank muss ich keine Uhr mehr tragen!“ Ohne Gedanken und ohne Uhr bist du ganz sicher schon im Himmel. Aber warum damit warten, bis du gestorben bist? Dieser himmlische Zustand lässt sich auch schon in deinem physischen Körper erreichen, wenn du im Jetzt leben kannst und daher auf einer Ebene des Bewusstseins, die verhindert, dass du dich mit deinen Denkinhalten identifizierst.

Viele von euch würden gern die Gegenwart ihrer Lieben spüren, wenn diese ins Licht gegangen sind. Nun, das ist ganz leicht.

Oft, wenn jemand gestorben ist, sagt ihr, er ist jetzt im Frieden. Wenn du dich also an den Ort wahren Friedens begibst, der immer in dir ist, während du lebst, dann kannst du sie spüren. Du kannst ihnen in Wahrheit nur an dem Ort des Friedens begegnen, der euch gemeinsam ist.

Doch nicht nur ihnen. Denn durch das Tor des inneren Friedens gelangst du zum Erleben der Einheit mit dem Ganzen, und in diesem Einssein mit allem löst sich aller Kummer über den Verlust eines geliebten Menschen auf und du erkennst, dass du vielleicht gerade deshalb, weil du so an diesem Menschen gehangen hast, nie wirklich dieses Einssein spüren konntest.

Du kannst nicht sterben, und wenn du dein Leben dafür gibst!

Schluss

Liebe Suchende, wenn ihr euch fragt, warum ihr noch immer nicht in den Zustand erwachten Seins eingetreten seid, der, wie man euch immer wieder sagte, ganz in eurer Reichweite ist, oder wenn ihr euch trotz allem, was ihr wisst, immer noch unglücklich und unerfüllt fühlt, dann solltet ihr euch vielleicht einmal fragen, welche Vorwände euch daran hindern, die Wahrheit vollständig auf euer Leben anzuwenden. Anders ausgedrückt: Welche „Ja, abers" bringt euer Ego-Selbst vor, damit ihr Kompromisse schließt, die gegen euer innerstes Wissen verstoßen?

Welche „Ja, abers" sind es, die euch auswählen lassen, wem ihr Toleranz, Mitgefühl und bedingungslose Liebe entgegenbringen wollt und wem nicht?

Welches sind eure „Ja, abers", die eine Gelegenheit vorübergehen lassen, jemand anderem etwas von euch zu geben?

Welches sind eure „Ja, abers", wenn es so viel leichter ist, jemand anderem die Schuld für eure Nöte zuzuschieben, anstatt euch der Wahrheit in eurem Leben zu stellen?

Welche „Ja, abers" habt ihr, um schön bequem das Leid früherer Leben als Vorwand dafür zu nehmen, auch jetzt zu leiden?

Welches sind die „Ja, abers", die euch an materielle Dinge, an Ego-Identifikationen und falsche Selbstbilder gekettet halten?

Welche „Ja, abers“ benutzt ihr, durch die ihr euch anderen überlegen fühlen könnt?

Im Gegensatz zu allem, was euer Ego – das hauptsächlich aus Angst besteht – euch weismachen will, habt ihr nichts zu verlieren, wenn ihr eure Einwände und Widerstände aufgebt und dem folgt, was euer Höchstes Selbst euch sagt.

Wir wissen natürlich, dass unsere Worte allein euch nicht in diese Freiheit befördern werden. Alle Worte in diesem Buch sind lediglich eine Erinnerung an das, was ihr, wie wir wissen, bereits wisst. Wir wünschen uns ernsthaft, dass unsere Botschaft, vielleicht so wie der stete Tropfen den Stein höhlt, euch berührt und dass vielleicht ein Teil eures Ego-Schutzpanzers sich auflöst und ihr voller Freude entdeckt, dass es im ***Leben*** keine Gefahr gibt, vor der man sich schützen müsste.

Wir beten darum, dass Gnade der Schlüssel sein wird, der das Gefängnis eurer Ängste für euch aufsperrt.

Wir beten, dass die Gnade euch auf die Stirn küsst und euch – wie im allerschönsten Märchen – aus eurem spirituellen Schlummer erweckt.

Wir beten, dass die Gnade, die nur die Schönheit in euch sieht, das „Biest“ eurer eigenen Scham und negativen Selbsteinschätzung küsst und euch eure Wahre Unschuld wiedergibt.

Möge all dies geschehen, damit ihr dasteht als die Verkörperung der Wahrheit und eine strahlende Präsenz, die ein Liebesbrief an die ganze Menschheit ist.

Mehr Informationen über Ian Graham und White Bull unter:

www.mankindkindman.org

Informationen über spirituelle Reisen und Retreats mit Ian Graham unter:

www.tashiding.com

weitere Bücher von White Bull...

Weitere Titel von White Bull im ch. falk verlag

Gott kommt nie zu spät...
...zu früh aber auch nicht

Mit inniger Liebe, köstlichem Humor und absoluter Aktualität äußert sich White Bull zu Fragen und Themen, die uns heute auf den Nägeln brennen, z. B.:

Über das Neue Jahrtausend • Warum wir jetzt auf diesem Planeten sind • Über Ebbe und Flut der Gefühle • Karma • Über Affirmationen • Vergangene Leben • Zeitbeschleunigung • Den Christus in uns • und vieles, vieles mehr.

Seine Ausführungen sind einfach und klärend, so dass sie in hervorragender Weise dazu beitragen, die Verwirrung, die heutzutage in vielen Köpfen herrscht, in Klarheit umzuwandeln.

ISBN 978-3-89568-069-4

Die Heilung der gefallenen Engel – Rückkehr ins Licht

Sein neuestes Buch – gechannelt von *Petronella Tiller* – über die „gefallenen Engel" greift das Thema „Befreiung" wieder auf. White Bull sieht uns gefangen in Vorstellungen und Interpretationen von Ereignissen, die nicht der Wahrheit entsprechen, sondern nur dazu dienten, uns klein und ohnmächtig zu halten.

Oft ist uns das ganz und gar unbewusst – selbst den Lichtarbeitern, die doch gewiss nicht glauben, dass sie noch von z. B. kirchlichen Dogmen beeinflusst sind. Vieles davon hängt mit Autorität und Gehorsam zusammen – Jahrhunderte lange Prägungen all derjenigen, die im christlich-westlichen Kulturkreis aufgewachsen sind. Auch die Vorstellung von „gefallenen Engeln" gehört dazu.

White Bull widmet nun ein ganzes Buch einzig der Aufgabe, solche „geheimen" Muster aufzudecken, um uns die herrliche Freiheit zu zeigen, die auf uns wartet, wenn wir uns aus diesem Ring, der unser Gehirn umschließt, befreit haben und leicht wie eine Feder sind.

ISBN 978-3-89568-265-0